• 西南石油大学研究生教材建设项目（2022JCJS046）资助

禁毒
社会工作教程

主编◎ 谭祖雪　付益强

图书在版编目（CIP）数据

禁毒社会工作教程 / 谭祖雪，付益强主编． -- 成都：四川大学出版社，2024.7. -- ISBN 978-7-5690-6978-5

Ⅰ．D669.8

中国国家版本馆CIP数据核字第2024ZN0814号

| 书　　名：禁毒社会工作教程 |
| Jindu Shehui Gongzuo Jiaocheng |
| 主　　编：谭祖雪　付益强 |

选题策划：梁　平　杨　果
责任编辑：梁　平
责任校对：李　梅
装帧设计：裴菊红
责任印制：李金兰

出版发行：四川大学出版社有限责任公司
　　地　址：成都市一环路南一段24号（610065）
　　电　话：（028）85408311（发行部）、85400276（总编室）
　　电子邮箱：scupress@vip.163.com
　　网　址：https://press.scu.edu.cn
印前制作：四川胜翔数码印务设计有限公司
印刷装订：成都金龙印务有限责任公司

成品尺寸：170mm×240mm
印　　张：8.75
字　　数：168千字

扫码获取数字资源

版　　次：2024年11月 第1版
印　　次：2024年11月 第1次印刷
定　　价：38.00元

四川大学出版社
微信公众号

本社图书如有印装质量问题，请联系发行部调换
版权所有 ◆ 侵权必究

前　言

禁毒工作事关国家安危、民族兴衰、人民福祉。

毒品是全人类的公敌。随着全球经济一体化和互联网的迅速发展，全世界由毒品问题导致的违法犯罪、社会资源流失、人员伤亡不计其数，严重影响了人类社会的正常发展和文明进程。

禁毒是公认的世界性难题。从鸦片战争开始，中国人民与毒品的斗争就没有停止过。通过近年来的持续治理，我国毒情呈现整体向好态势，但受国际国内多种因素影响，禁毒工作仍面临诸多风险与挑战。

发展禁毒社会工作、加强禁毒社会工作者队伍建设，是增强禁毒工作专业力量、推进禁毒工作社会化的重要途径，是健全禁毒社会服务体系、创新禁毒社会服务方式、提升禁毒社会服务水平的有力手段，是推进毒品问题治理体系和治理能力现代化的必然要求。社会工作因其专业特性，在禁毒工作中发挥着独特的作用。从上海、广东等地禁毒社会工作试点开始，多年来，一批又一批社会工作者用青春和热血践行着行业价值理念，成绩斐然，为其他地区开展禁毒工作提供了宝贵的经验，走出了一条具有中国特色的禁毒社会化道路。

编　者

2024 年 3 月

目 录

第一章　禁毒社会工作基础知识……………………………………（1）
　　第一节　毒品及其危害………………………………………（1）
　　第二节　吸毒人群及其特征…………………………………（5）
　　第三节　吸毒的原因及影响因素分析………………………（9）

第二章　禁毒社会工作概述…………………………………………（15）
　　第一节　禁毒社会工作的含义及特点………………………（15）
　　第二节　禁毒社会工作的构成要素及服务场景……………（17）
　　第三节　禁毒社会工作的功能与目标………………………（19）
　　第四节　禁毒社会工作的伦理价值观………………………（22）

第三章　我国的禁毒及禁毒社会工作………………………………（25）
　　第一节　我国的禁毒工作……………………………………（25）
　　第二节　我国禁毒社会工作的实践探索及制度架构………（33）
　　第三节　我国禁毒社会工作的发展态势……………………（39）

第四章　禁毒社会工作理论及实务模式……………………………（46）
　　第一节　禁毒社会工作理论…………………………………（46）
　　第二节　我国禁毒社会工作的实务模式……………………（50）

第五章　禁毒社会工作方法…………………………………………（55）
　　第一节　个案社会工作………………………………………（55）
　　第二节　小组社会工作………………………………………（68）
　　第三节　社区社会工作………………………………………（74）

第六章　禁毒社会工作内容（一）：帮扶救助服务………………（80）
　　第一节　扶危解困……………………………………………（80）
　　第二节　风险评估……………………………………………（83）

第三节　构建社会支持系统……………………………………（89）
　　第四节　社会融入……………………………………………（92）

第七章　禁毒社会工作内容（二）：戒毒康复服务……………（94）
　　第一节　自愿戒毒支持………………………………………（94）
　　第二节　社区戒毒支持………………………………………（96）
　　第三节　强制隔离戒毒支持…………………………………（103）
　　第四节　社区康复……………………………………………（107）

第八章　禁毒社会工作内容（三）：禁毒宣传教育……………（117）
　　第一节　禁毒宣传教育概述…………………………………（117）
　　第二节　禁毒宣传教育的必要性与可行性…………………（118）
　　第三节　禁毒宣传教育的途径………………………………（120）

参考文献………………………………………………………（129）
后　记…………………………………………………………（133）

第一章 禁毒社会工作基础知识

本章通过介绍毒品及其危害,分析吸毒人群及其特征,剖析吸毒行为的原因,探究毒品泛滥、屡禁不止的内外因素,为禁毒社会工作的开展奠定基础。

第一节 毒品及其危害

禁毒工作者首先应当了解毒品的特性,充分认识毒品及其危害,才能准确地把握禁毒工作的方向。

一、什么是毒品

据《中华人民共和国禁毒法》第二条及《中华人民共和国刑法》第三百五十七条定义,毒品是指鸦片、海洛因、甲基苯丙胺(冰毒)、吗啡、大麻、可卡因以及国家规定管制的其他能够使人形成瘾癖的麻醉药品和精神药品。

早期毒品以各种功能性药品的形式出现,使用中发现副作用大于治疗效果,并形成生物依赖性,造成一定社会危害,才逐步列入被管控范围。所以,毒品不仅自带药物属性,在认定上更侧重于社会危害性。

二、毒品的分类

依据不同的分类标准,毒品可以分为不同的类型。目前主要的分类标准有以下几种。

（一）按成瘾性作用分为抑制剂、兴奋剂和致幻剂

（1）抑制剂：以阿片类为主，能抑制中枢神经系统，具有镇静作用。抑制剂以海洛因为代表，吸食后产生欣快感，成瘾快，戒断难，长期使用会破坏人的免疫功能，并导致肝、肾等主要脏器受损害。共用注射器注射海洛因是艾滋病等疾病传播的主要原因。

（2）兴奋剂：以苯丙胺类为主，能刺激中枢神经系统，使人持续兴奋。兴奋剂以冰毒为代表，吸食后会产生强烈的生理冲动，大量消耗人体机能以及免疫功能，严重损害心脏、大脑组织结构，致精神障碍，表现出妄想、好斗、错觉，引发集体淫乱和暴力行为，严重的可诱发精神分裂症。

（3）致幻剂：以麦角酸二乙酰胺（LSD）为代表，能使人产生幻觉，导致意念歪曲和思维分裂。长期吸食会导致神经中毒、精神分裂症状，出现幻听、幻觉、幻视等，对记忆和思维能力造成严重的损害。

（二）按出现时间分为传统毒品和新型毒品

（1）传统毒品：一般指鸦片、吗啡、海洛因、大麻、可卡因等阿片类的毒品，特点为出现早、流行时间长、心瘾重，目前多为境外输入。

（2）新型毒品：主要指冰毒（甲基苯丙胺）、麻古、摇头丸、氯胺酮（K粉）等人工化学合成的兴奋剂类、致幻剂类毒品，特点为原材料不受地域影响、易化学制取、破坏中枢神经系统。

（三）按来源分为天然毒品、半合成毒品和合成毒品

（1）天然毒品：直接从毒品原植物中提取的毒品，如鸦片。
（2）半合成毒品：由天然毒品与化学物质合成而得，如海洛因。
（3）合成毒品：完全用有机合成的方法制造的毒品，如冰毒。

【扩展阅读1—1：美国联邦法律《受控物质法》】

根据是否具有医学价值、滥用潜在风险的大小、可能危害健康的程度，美国联邦法律《受控物质法》将管制物质分为5级或5类，或分为5个表。从对毒品的规定来看，美国立法主要以列举的方式来界定毒品的内涵。美国法律对毒品的分级，主要考虑其是否被许可临床使用。

Ⅰ类（表Ⅰ）管制物质：有高度滥用性，目前未被认可临床使用的物

质，缺乏认可的安全性，如海洛因、麦角酸二乙酰胺（LSD）、大麻、麦司卡林、摇头丸、甲喹酮等。

Ⅱ类（表Ⅱ）管制物质：有高度滥用性，已在临床使用的物质，滥用会造成严重的精神依赖和身体依赖，如吗啡、苯环己哌啶、可卡因、氢吗啡酮、美沙酮、哌替啶、氧可酮、芬太尼、鸦片、可待因、安非他明、甲基苯丙胺、哌甲酯、异戊巴比妥、格鲁米特、戊巴比妥钠等。

Ⅲ类（表Ⅲ）管制物质：比前两类的滥用风险稍小，已在临床使用，滥用会造成中度或轻度的身体依赖和重度的精神依赖。如含量低于15mg每单位剂量的氢可酮组合产品、含量不超过90mg每单位剂量的可待因组合产品、苄甲苯丙胺、苯吗啉、氯胺酮、合成代谢类固醇如醋睾酮。

Ⅳ类（表Ⅳ）管制物质：滥用的潜在风险较小，已在临床使用，滥用会造成相对于Ⅲ类管制物质的有限身体依赖或精神依赖，如阿普唑仑、氯硝西泮、氯氮、地西泮、劳拉西泮、咪达唑仑、替马西泮、三唑仑、丙氧芬、戊唑新和纳洛酮的复方制剂、甲丙氨酯等。

Ⅴ类（表Ⅴ）管制物质：相对于Ⅳ类管制物质滥用的潜在风险更小，已在临床使用，滥用会造成相对于Ⅳ类管制物质的有限身体依赖或精神依赖。如每100ml或每100g止咳制剂中含量不超过200mg的可待因。

三、毒品的危害

毒品无论是对涉毒的个人、家庭还是社会，都有着非常严重的危害。

（一）对个人的危害

（1）导致身体残疾。毒品直接作用于中枢神经，大量消耗人的体能和免疫功能，致心血管系统、呼吸系统、消化系统紊乱，出现高血压、急慢性肝炎、败血症、肾功能衰竭、血栓性静脉炎、肺心病、慢性器质性脑损害等病症，吸毒过量会导致急性药物中毒甚至猝死，吸毒者寿命严重短于正常人。

（2）导致心理扭曲、价值观混乱、丧失人格。吸毒者心理极不稳定，价值观念混乱，行为缺乏准则，社会责任心淡薄，人生态度放纵而颓废。吸毒者具有不负责任、撒谎、欺骗，对人淡漠甚至冷酷无情，违法犯罪无内疚感和羞耻心，无目标、无信心，破罐子破摔，家庭观念淡薄等特征。吸毒还可能形成终生心理依赖，即吸毒者脱毒治疗结束、生理依赖消除后，出现对毒品体验的强烈心理渴求。这种希望再次吸食毒品的欲望，可能驱使脱毒者不顾一切地寻求毒品。

（3）导致言行异常、失控。吸毒成瘾人员每天主要生活就是想方设法获得毒品，狂热且偏执，视吸毒快乐为唯一存在意义，已丧失正常生活与行为能力；长期吸毒或过量吸毒会导致精神分裂和精神障碍，产生幻觉，使大脑输出错误指令，无法控制行为，伤人毁物、自伤自残甚至危害公共安全。

（4）致使传染疾病高发。毒瘾发作时，吸毒人员不会顾及脏乱的吸毒环境，采取共用注射方式和无保护性措施，导致多种皮肤病、性病及艾滋病在吸毒人群中传播广泛。

（二）对家庭的危害

（1）亲情关系疏离。吸毒人员行为脱轨、标签化严重，长期滥用毒品致使亲人疏离、人际关系紧张，亲情无法修复。

（2）家庭资源流失。吸毒成瘾人员主要是青壮年群体，是家庭的支柱，成瘾后不同程度地丧失家庭角色，无法履行家庭义务，不断加重家庭经济负担，甚至导致家破人亡。

（3）影响后代健康。目前有许多新型毒品和新精神活性物质出现，社会对其辨识度低，而年轻人喜欢追求时尚、相互攀比竞争，在身体发育时吸毒会严重影响自身的健康成长。妇女怀孕时吸毒，不仅影响胎儿的正常发育，甚至造成新生儿先天畸形和先天性携带毒瘾。

（三）对社会的危害

（1）社会资源及财富损失。毒品从制作、运输到贩卖都是在扰乱社会的正常经济秩序，本质是严重的内耗，无法创造财富和社会价值。由于社会和政府必须承担吸毒者创伤的健康治疗、公共健康和预防系统的费用、吸毒者早逝和疾病对生产力的负面影响、犯罪带来的损失、审判监督的费用等，增加了社会整体运行的成本[①]。

（2）滋生违法犯罪。制贩毒组织为牟取暴利和抵抗政府打击，采取暴力控制和伤人行为，属于有组织的犯罪，手段残忍，性质恶劣；吸毒成瘾人员为筹措毒资往往实施盗窃、抢劫、卖淫、绑架等恶性犯罪。

---

① 顾东辉、童红梅、朱燕敏等：《远离毒品：青少年禁毒的社会工作干预》，《社会》，2004年第12期，第42页。

第二节 吸毒人群及其特征

了解吸毒人群及其特征，可以帮助我们客观评价禁毒社会工作的对象，更有针对性地开展工作。

一、吸毒人群

统计数据显示，以下人群较易成为吸毒人群。

（一）无业人员

一些无固定居住地或固定职业人员，长期缺乏家庭角色和集体约束，经济来源不稳定或所得非法。统计数据显示，戒毒场所中无业人员占87%，历年来这类人群都是排在吸毒人群第一位。

（二）涉黄涉赌人员

涉黄人员往往利用毒品对女性进行控制和摧残，通过卖淫获取暴利；涉赌人员长期在环境封闭的高压情境下，昼夜颠倒，寄希望于毒品抵抗疲劳，提神醒脑。

（三）一些存在监护空档的少儿与问题少年

一些留守儿童和辍学学生过早进入社会，自我保护能力弱，存在监护空档，他们中的个别人易被贩毒人员引入歧途；一些问题少年在青春期喜欢寻求刺激、尝试新生事物、希望被朋辈群体（包括不良朋辈）认同。

（四）一些药物依赖人员

绝大多数药物都有副作用，医师在用药治病上都不会过量治疗，以便给治疗对象自身机能调适留下一定空间，避免形成药物依赖。一些长期病痛患者为了一步到位地缓解身体疼痛，不遵医嘱滥用镇定类药品，形成了药物依赖。

（五）个别高强度持续作业人员

个别人为突破身体运动极限，一些人为抵抗持续作业疲劳而吸食毒品，实现快速持续兴奋，短时间效果明显，长期吸食致使身体出现抗药性，为维持状态只能不断增加剂量而致身体机能损伤。

（六）一些盲目追求创新灵感的人

个别从事文艺活动的人为追求创新，以为吸毒可以激发灵感，依靠吸食冰毒、K粉等合成毒品产生幻觉找灵感，致大脑中枢神经发生不可逆转损伤。

（七）特殊吸毒人群——艾滋病感染者

艾滋病，学名为获得性免疫缺陷综合征，是一种慢性而致命的传染病，由感染人类免疫缺陷病毒（HIV）引发。该病毒攻击人体免疫系统，让人逐渐丧失抵御疾病的能力，感染者比正常人寿命短。艾滋病感染者均为传染源，通常可通过血液、性行为和母婴传播。常见的吸毒人员感染艾滋病的方式为共用注射器注射毒品、吸毒后无保护性行为，男男同性恋传播比例最高。艾滋病感染者因免疫系统受损，在常规有菌环境下抵抗力弱，日常交往中较常人敏感、胆小，怕被歧视，不愿吐露心声，更渴望被接纳和关怀，较其他吸毒成瘾人员更易"破冰"。

【案例1—1：吸毒人群属性分析】

笔者在某社区开展的一项成瘾性调查统计数据表明，兼具以上人群属性越多，吸毒的风险越高，成瘾性越强。

社区工作人员将登记在册的26名吸毒人员同随机抽取的74位居民混合，组成数量为100的样本，以开展社区信息普查的名义，展开了有25个项目的问卷调查。调查完成后，抽取前述吸毒人群中7项身份人员进行统计，按每项1分计，共7分。将得分排名与在册吸毒人员匹配，结果显示：

得3分共47人，含在册吸毒人员26人，准确率100%；
得4分共33人，含在册吸毒人员24人，准确率92.3%；
得5分共25人，含在册吸毒人员23人，准确率88.46%。

我们可以通过此方法，对人群作出吸毒风险预警。

思考：

1. 你身边的亲友或服务对象中，是否存在符合吸毒人群属性 3 项以上的？

2. 如果有，你能否给他提供合理建议，作出吸毒风险预警？

二、吸毒人群特征

吸毒人员通常具有违法者、受害者、病人三重角色。统计数据显示，其主要特征涉及以下方面。

（一）年龄结构

吸毒成瘾人员以青少年为主。统计数据显示，18~35 岁的吸毒成瘾人员占 50%，36~49 岁的吸毒成瘾人员占 32%。这部分人群有一定经济能力、自我意识强、成瘾后难以被约束。

（二）文化程度

吸毒成瘾人员的文化程度与吸毒成瘾成反比。文化程度越高，认知水平越高，辨识力和约束力越强，防毒拒毒的能力越强；相反，文化程度低、法律意识淡薄的人群更易受毒品的侵蚀。统计数据显示，57%的吸毒成瘾人员是初中学历，32%的是小学学历。某地的吸毒成瘾人员中 89%是文盲和小学未毕业人员。

（三）职业状况

吸毒成瘾人员以无固定职业为主。统计数据显示，87%的吸毒成瘾人员处于无工作或无固定收入状态。吸毒成瘾人员长期处于精神和行为的异常状态，表现为乏力或亢奋、躁狂、致幻等，因此没有能力正常地工作和生活；吸毒成瘾人员普遍会经历社区戒毒、强制隔离戒毒和社区康复的过程，标签化严重，社会支持系统严重受损，其回归社会后难以继续开展学业和再就业。

（四）健康状况

吸毒人员健康受损状况复杂且发展快，以身体残疾、心脑血管疾病、呼吸系统疾病、性病为主。长期吸食传统毒品容易导致人的身体机能产生病变，破坏人的免疫功能，致心、肝、肾等主要脏器受损；长期吸食合成毒品会损害大脑中枢神经，造成言行异常、精神障碍甚至精神分裂；长期或过量吸毒会出现多种并发症，发展快、难治疗。某地 2019 年统计在册吸毒人员平均死亡年龄 37 岁，而当年全省人均寿命 76 岁。

（五）社会行为

吸毒成瘾人员违法犯罪比例高。数据统计显示，吸毒成瘾人员中，有过违法行为的占 93.3%，接受过犯罪处罚的占 59.2%。吸毒人员成瘾后，大部分失学失业，长期游走在法律的边缘，从社会排斥到自暴自弃，甚至走上了以贩养吸、开设赌场、放高利贷、卖淫等犯罪道路。

【案例 1-2：张某的案例】

张某，男，26 岁，未婚，艺校毕业，单亲家庭长大，初次强制隔离戒毒，曾是一位国际影星的伴舞，长期在各地演出。

张某第一次接触毒品是 16 岁，在广州一次演出后，被朋友带去"嗨吧"聚会，在昏暗的包间里，十多个陌生人，各行各业，非常开放。他说那种氛围令人感觉舒服自由。那次，他结识了第一个"男朋友"，这位"男朋友"像哥哥一样理解他、关心他、照顾他，一起吸食了 K 粉和摇头丸，做了很多"开放"的事。他们在一起三年，每次吸毒后都会发生性关系，有几次没有采取保护措施，出了血，估计就是那时候染上的艾滋病。

他很瘦弱，说话也是轻声细语。虽然每次谈话他都表示再也不吸毒了，但从他的神情和语言中，我没有感受到他对吸毒、得病表现出的悔恨，更多的是跟我分享他的"快乐"。

他们有固定的"艾友圈"，在那里他又结识了一位有共同性取向的人，一起吸食冰毒。他说，在"圈子"里，很多人像他一样，同时有 2~3 个性伴侣，都是艾滋病感染者。

成为艾滋病感染者几年来，他也能感觉到身体的变化，普通感冒就是半个多月，经常腹泻、关节疼、不明原因的恶心呕吐……体力也大不如前，吸毒没几年就被舞蹈队淘汰了，进戒毒所之前一直是靠"男朋友"养着。

家里人知道他吸毒又得了这个病，七八年前就断了联系，朋友也越来越少。刚从广州回来的时候找过工作，用人单位看了体检报告都会以各种理由拒绝,他现在只能依靠那几个"男朋友"生活。

他对未来没有憧憬,即使知道身边很多朋友因为得病慢慢"消失"了,但出所后还是会第一时间回到"男朋友"身边。

思考:

1. 在帮扶艾滋病患者时,如何保持"距离"且不违背"尊重与接纳"的价值理念?

2. 用你所学的专业知识,分析如何引导张某走出"毒友圈"。

第三节 吸毒的原因及影响因素分析

吸毒是指个人以口服、烫吸、注射等方式使用鸦片、海洛因、甲基苯丙胺(冰毒)、吗啡、大麻、可卡因以及国家管制的麻醉药品和精神药品,并形成生理、心理依赖的行为。吸毒的本质是药物滥用。

长期以来,社会大众普遍认为吸毒是个人恶习,而忽视了对成瘾背后的家庭、社会因素的探讨。其实,吸毒既与个人意志、家庭结构、朋辈关系等因素有关,也与社会环境、多元文化影响有关,是由多种原因综合作用产生的。

一、吸毒行为的原因分析

产生吸毒行为的原因是多方面的,主要包括生理、心理、家庭以及社会等因素。

(一) 生理因素

调查发现,就生理因素而言,产生吸毒行为的原因主要有镇痛、提神、减肥等需求。因生理因素吸毒的比例见图1-1。

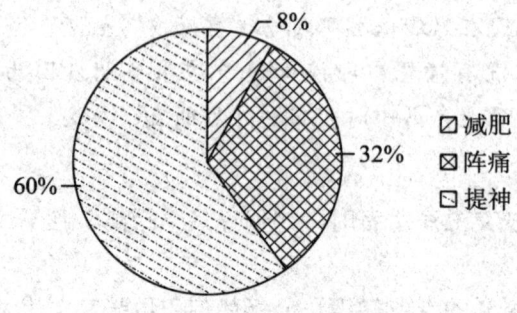

图 1-1 因生理因素吸毒的比例

1. 镇痛

一些长期病痛患者治疗效果差，按照医嘱使用杜伦丁、吗啡缓解疼痛后产生生理依赖，期望治疗"立竿见影"，于是长期、增量使用，不遵医嘱滥用镇静剂直至使用毒品替代。

2. 提神

一些高强度持续作业及长期昼夜颠倒生活的人员吸毒，是认为吸毒可以激发灵感，提高工作能力和性能力。早期苯丙胺类药物是用作治疗多动症或抗抑郁治疗的，国家将这类药物列入毒品进行管控后，药效更强的甲基苯丙胺"乔装打扮"成"聪明药"。现在国外一些大学生服用含有安非他明成分的"聪明药"来提高学习专注度。涉赌人员吸毒人群比例高，是因为他们认为合成毒品、新精神活性物质能抵抗疲劳，吸食后能够持续集中注意力。

3. 减肥

个别女性和肥胖人员被不法分子诱导认为吸毒可以减肥，实质是将机能急性损害与减肥混淆。

(二) 心理因素

调查发现，就心理因素而言，产生吸毒行为的原因主要有满足好奇心、寻求刺激、缓解压力等心理因素。因心理因素吸毒的比例见图 1-2。

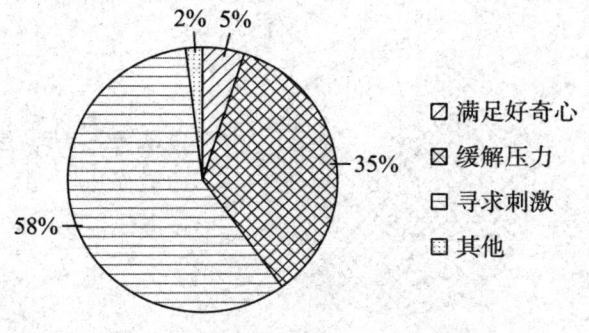

图 1-2　因心理因素吸毒的比例

1. 满足好奇心

尝试新鲜事物是人类的本能和进化源动力。贩毒人员为了维持暴利，往往以赠予方式引诱新人初次"尝鲜"，待吸毒人员成瘾后不断"收割"。

2. 寻求刺激

很多新型毒品出现时被冠以新潮、时尚标志，而一些年轻人追求个性、前卫、标新立异的生活，个别人在毒品上寻找快感，甚至明知是毒品仍坚持"过把瘾"。还有些毒品专门用于针对女性实施侵害，比如迷奸水（γ-羟基丁酸），会让吸入者意识模糊、神志不清、产生性幻想。

3. 缓解压力

药物研究表明，传统毒品作用神经递质（替代内啡肽）令人产生欣快感，新型毒品作用神经递质（替代多巴胺）令人产生过度亢奋。因此，多数人复吸发生在感情受挫、生活无望时，希望通过吸食毒品宣泄情绪、逃离现实。

（三）家庭因素

调查发现，就家庭因素而言，产生吸毒行为的主要原因有缺乏爱与归属感、教育失当等。因家庭因素吸毒的比例见图1-3。

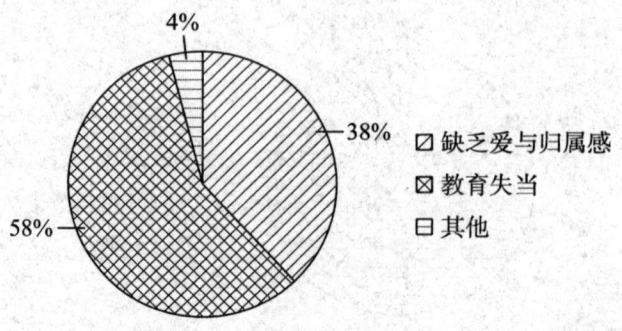

图1-3 因家庭因素吸毒的比例

1. 缺乏爱与归属感

家人亲情的淡漠、家庭监管的缺失,使得个别青少年将毒品用来填补心理的"空虚",家长没有及时引导挽救,使其越陷越深,不能自拔。

2. 教育失当

很多吸毒人员的家属片面地理解"一人吸毒、全家尽毁",在教育挽救过程中认知错误、方法失当、急于求成,不断批判指责,严重伤害吸毒人员的自尊心,反而加强了他们对毒品的精神寄托和感情依赖,适得其反。家属也在此过程中心力交瘁、人财两空。

(四)社会因素

调查发现,在社会层面,产生吸毒行为的主要原因有价值观偏离、不良朋辈影响、经济利益驱动等。

1. 价值观偏离

高收入群体中的个别人不断追求新潮精神生活,认为吸毒是一种前卫、有挑战的人生快乐,是身份地位的体现,是有钱人才能享受的。

2. 不良朋辈影响

一些经历戒毒而回归社会的吸毒人员,标签化严重,很多人都不愿意与其来往,社会环境也不愿意接纳他们,其迫切需要的爱与归属感在大多数社会群体中难以得到,难以获得社会尊重与肯定,在方向迷失后不得不回到"同病相怜"的"毒友圈"中寻找认同和归属。当一人复吸,很容易形成吸毒成瘾人员聚集，尤其是吸食合成毒品的人员。

3. 经济利益驱动

不法分子为了维持经济利益、获取不正当资源，达到控制他人的目的，将毒品包装成"灵丹妙药"赠予他人；许多吸毒人员为了满足毒瘾，走上以贩养吸的道路，千方百计发展吸毒新人，诱惑已戒毒人员复吸。

二、吸毒的影响因素分析

吸毒的影响因素是多方面的，主要包括毒品、个人、经济、社会等方面。

（一）毒品因素

由于毒品的本质是麻醉药品和精神药品，具有客观存在且效用极强的生物功效，尽管副作用极强且对身体的损害不可逆转，依然无法阻挡很多药物滥用人员成瘾。虽然全人类都在努力禁毒，国内禁毒宣传的普及和传统毒品危害性被广泛认知，但随着时代发展，化学合成的新型毒品以成本低廉、提取制造相对简单、法律未及时规范以及各种伪装等优势，迅速占领毒品市场，在新一代吸毒人群中流行。

（二）个人因素

认知文化落后为毒品的滋生繁衍提供了温床。个人认知水平低、接受毒品危害教育少、道德规范缺失的人群更容易接受并依赖毒品。大多数人初次吸毒坚信"我能控制"和"不会成瘾"，盲目自信。殊不知瘾癖（生理应激反应和大脑奖赏机制）会一点一滴地吞噬人的灵魂，等你感觉到"瘾"的存在时已经无法自拔。

（三）经济因素

毒品也是经济高速发展的产物。毒品能在短期提供强烈的生理刺激，作用中枢神经，过量释放神经递质产生快感和幻觉，麻痹大脑、降低食欲及抗疲劳。但毒品严重透支身体能量又不能及时补充，进而造成生理机能紊乱。在地域分布上，经济发达地区的毒品侵入远远快于经济欠发达地区，当前表现为新型毒品和新精神活性物质泛滥。

（四）社会因素

社会约束力和国家管控力度与毒品泛滥程度呈反比。社会价值正面导向越多（信仰、价值观、舆论）、国家打击力越强，毒品泛滥程度越低。吸毒人员的自我约束力是有限的、受环境影响的，有家庭、集体管制的人员，复吸率相比较低；无固定居所和职业的人员，复吸率较高。

第二章 禁毒社会工作概述

本章通过对禁毒社会工作的含义及特点、禁毒社会工作的构成要素及服务场景、禁毒社会工作的功能与目标、禁毒社会工作的伦理价值观等内容的介绍,以明确禁毒社会工作的基本内涵,初步认识禁毒社会工作。

第一节 禁毒社会工作的含义及特点

禁毒社会工作是社会工作的专业理论和专业方法在禁毒领域中的具体应用。本节内容是在了解禁毒、戒毒工作的基础上,明确禁毒社会工作的含义及其特点,把握禁毒社会工作的内涵。

一、禁毒社会工作的含义

(一)禁毒社会工作的概念

禁毒工作是国家为了预防和惩治毒品违法犯罪,保护公民身心健康,维护社会秩序的总体工作。禁毒工作实行预防为主,综合治理,禁种、禁制、禁贩、禁吸并举的方针。禁毒工作实行政府统一领导,有关部门各负其责,社会广泛参与的工作机制,是政府公共管理和社会服务的一项重要内容,且纳入了我国国民经济和社会发展总体规划。

禁毒社会工作是指国家社会通过各种矫治矫正措施,帮助吸毒成瘾人员戒除毒品造成的生理心理成瘾性依赖,康复身心的行政行为。目前我国施行自愿戒毒、社区戒毒、强制隔离戒毒、社区康复四项戒毒措施。

(二) 禁毒社会工作的内涵

禁毒社会工作是矫正社会工作的组成部分，是针对涉毒人员的矫正社会工作。矫正社会工作在一些国家和地区也称感化工作，是社会工作实务的一个重要领域。

禁毒社会工作是社会工作的专业理论和专业方法在禁毒领域中的具体应用，是一个全新的社会工作实务领域。它既是社会工作的一个重要组成部分，也是禁毒工作的一个重要部分，更是中国特色社会主义毒品问题治理体系和治理能力创新的重要表现。

禁毒社会工作是禁毒工作的重要组成部分，是坚持"助人自助"价值理念，遵循专业伦理规范，运用社会工作专业知识、方法和技能预防和减轻毒品危害，促进吸毒人员社会康复，保护公民身心健康的专门化社会服务活动[①]。

由此可见，禁毒社会工作的内涵主要包括两方面：一是通过为吸毒人员提供社会工作专业服务，帮助服务对象免受或是减少毒品带来的伤害，帮助吸毒人员戒除毒瘾，回归社会；二是通过毒品知识、吸毒危害和拒毒方法的宣传，来实现遏制新吸毒人员滋生、减少毒品需求的目标。

二、禁毒社会工作的特点

禁毒社会工作既有其他社会工作的一般特点，又有别于其他社会工作的特质。禁毒社会工作主要具有如下特点：

第一，禁毒社会工作是社会工作的一个新兴实务领域。《关于加强禁毒社会工作者队伍建设的意见》提出，禁毒社会工作是禁毒工作的重要组成部分。发展禁毒社会工作是增强禁毒工作专业力量、推进禁毒工作社会化的重要途径，是健全禁毒社会服务体系、创新禁毒社会服务方式，提升禁毒社会服务水平的有力手段，是推进毒品问题治理体系和治理能力现代化的必然要求[②]。

《中华人民共和国禁毒法》对吸毒人员的身份定位是，具有病人、违法者、受害者三重属性。同时，《中华人民共和国禁毒法》对我国的戒毒康复工作体制进行了重大调整，规定了社区戒毒、强制隔离戒毒、社区康复、自愿戒毒并

---

① 国家禁毒办、中央综治办、公安部等十二部门：《关于加强禁毒社会工作者队伍建设的意见》（禁毒办通〔2017〕2号），2017年。

② 国家禁毒办、中央综治办、公安部等十二部门：《关于加强禁毒社会工作者队伍建设的意见》（禁毒办通〔2017〕2号），2017年。

存的多种戒毒康复模式，标志着我国的戒毒康复策略开始由以强制机构为主导的司法惩戒模式向以家庭、社区为主导的生理—心理—社会全面康复模式的转变。《中华人民共和国禁毒法》《戒毒条例》将社区戒毒、社区康复、戒毒药物治疗等列入条款，补充、增设戒毒康复场所等内容，同时还对吸毒者接受药物治疗、心理治疗以及法治教育、道德教育等作出了具体的规定，体现了人道主义精神和对公民权利的维护。可见，由吸毒人员身份引致戒毒康复模式改革的诸多内容及需求与禁毒社会工作的价值观、方法、技能都有较强的相关性，社会工作的专业化、职业化发展也带来了禁毒社会工作发展的必然性[1]。

第二，禁毒社会工作主要是为特殊群体提供的社会福利服务。禁毒社会工作主要针对吸毒人员及其家庭开展社会工作介入，提供社会福利服务，是帮助戒毒康复人员减轻毒品危害、修复社会功能、促进身心健康的专业社会服务活动。

第三，禁毒社会工作具有一定的强制性监管的特征。因为禁毒社会工作主要服务对象是吸毒人员，因此对这些服务对象提供的矫正服务具有强制性特征，必须严格按照法律标准执行，不以服务对象的主观意愿为前提。这也体现了矫正社会工作的特点。

第二节　禁毒社会工作的构成要素及服务场景

禁毒社会工作是由禁毒社会工作的服务对象、禁毒社会工作者、禁毒社会工作的价值观、专业助人方法和技能以及助人活动等要素构成的完整系统。禁毒社会工作的服务场景主要在戒毒医疗机构、强制隔离戒毒场所和社区。

一、禁毒社会工作的构成要素

禁毒社会工作是由不同要素构成的一个完整的系统，其主要构成要素有如下五个方面：

一是禁毒社会工作的服务对象，即禁毒社会工作服务的接收者。禁毒社会工作的服务对象包括吸毒人员个人以及涉及吸毒人员的家庭、群体、组织和社

---

[1] 李霞：《我们为什么要发展禁毒社会工作？》，《中国禁毒报》，2022年4月21日第4版。

区，包括吸毒人员及其周围的环境。吸毒人员主要指吸/戒毒人员，包括自愿戒毒人员、强制隔离戒毒人员、社区层面吸/戒毒人员等。

二是禁毒社会工作者，即禁毒社会工作服务的提供者、助人者，是指接受了一定的社会工作专业教育或培训，在政府禁毒部门主导下，开展禁毒宣传，向吸毒成瘾人员提供帮扶救助、戒毒康复服务，促进社会融入的专业化社会工作人员。从工作内容及服务对象看，禁毒社会工作具有高难度、高风险，同时也具有极强的专业性。除惯常要具备的知识外，禁毒社会工作者还需具备关于禁毒的相关知识，掌握医学、心理学、社会学、社会保障和社会福利学、公共管理学等多学科知识。

三是禁毒社会工作的价值观。禁毒社会工作同样要秉持社会工作利他主义的价值观，帮助并服务于禁毒社会工作服务对象，促进社会福利和社会公正；同时，也具有特定的专业伦理规范。社会工作的价值观主要包括：以人为本，回应服务对象需求；接纳和尊重；个别化和非评判；注重和谐，促进发展；平等待人，注重参与；权利与助人并重；个人发展与社会发展相结合等。

四是专业助人方法和技能。禁毒社会工作具有特定的专业知识、技能和方法。禁毒社会工作者除根据服务对象的问题及需求，综合运用个案工作、小组工作、社区工作等直接服务方法，或社会政策、社会工作行政、社会工作研究等间接服务方法，向服务对象提供服务外，还可以针对服务对象的特定需要，运用诸如防复吸训练、个案管理、同伴教育、社会倡导等方法进行介入。

五是助人活动，是以社会工作专业价值为依据、多方合作及互动的过程，这是禁毒社会工作最核心的部分。只有通过助人活动，禁毒社会工作者才能把禁毒专业服务送达服务对象，达到帮助服务对象的目的。

二、禁毒社会工作的服务场景

禁毒社会工作服务对象包括相关正在进行社区戒毒、强制隔离戒毒、社区康复、自愿戒毒的人员及其家庭和居民群众，主要服务场景在社区和强制隔离戒毒场所。依据禁毒社会工作服务对象的不同，禁毒社会工作的服务场景主要有以下几个：

其一，戒毒医疗机构，主要针对自行到正规戒毒医疗机构接受戒毒治疗的自愿戒毒人员。

其二，强制隔离戒毒场所，主要针对在公安机关或司法行政部门设立的强制隔离戒毒场所执行强制隔离戒毒的人员。

其三，社区。其有别于医疗机构、强制隔离戒毒场所，主要针对在社区范围内的吸毒人员、药物维持治疗人员、戒毒人员、康复人员及其他戒毒康复人员，以及吸/戒毒人员家属和社区居民。

第三节 禁毒社会工作的功能与目标

禁毒社会工作具有特定的功能和明确的目标。禁毒社会工作对服务对象而言，具有恢复、预防和发展的功能；对社会而言，具有维护社会秩序、构建社会资本、促进社会和谐、推动社会进步等功能。禁毒社会工作的目标体现在个人、家庭、社会以及制度层面，概括而言就是预防和减轻毒品危害、修复戒毒康复人员社会功能、促进公民身心健康、促进社会健康和谐。

一、禁毒社会工作的功能

禁毒社会工作的功能通过服务对象和社会两个层面体现出来。

（一）对服务对象而言

禁毒社会工作具有恢复、预防和发展三方面的功能，即帮助吸毒人员恢复社会功能，帮助社区居民远离毒品、预防社会功能失调，为有需要的人们提供进一步发展的服务。三方面功能是交织在一起、相互依存的。

（1）恢复。恢复是指协助吸毒人员戒除毒瘾、回归社会，恢复受损的社会功能，可以进一步划分为治疗功能和康复功能。治疗是消除导致社会功能失调的毒品成瘾因素，提供戒毒支持服务；康复是重组和重建互动模式，提供防复吸服务、社会融入服务以及帮扶救助等服务。

（2）预防。预防是成本最低的禁毒工作，也是最有效的禁毒方式之一，从源头上减少了吸毒现象的发生。通过开展全民禁毒宣传教育等提升大众拒毒防毒意识，让公众自觉远离毒品，预防社会功能失调，包括对已尝试过毒品但未成瘾的人员进行早期干预，以防其进一步滥用毒品，发展为成瘾者。

（3）发展。发展指通过提供个人和社会资源，为服务对象提供帮扶救助服务，使服务对象获得更好的社会功能。它可以划分为发展性和教育性两种类型的资源提供方式。发展性资源提供方式是通过生活救助、就业支持、生涯规划、社会支持、网络构建等服务，使现有的社会资源得到更有效利用，使服务对象个人的能力得以充分发挥，以获得更佳的社会互动。教育性资源提供方式是通过禁毒宣传教育等方式让公众了解为什么需要提供新的社会资源，或改变社会资源的分配方式，以及这样做需要具备的前提条件。

（二）对社会而言

禁毒社会工作具有维护社会秩序、构建社会资本、促进社会和谐、推动社会进步等功能。社会工作可以提供专业的公共服务、有效化解社会矛盾、直接执行社会政策、有力推动社会治理创新、积极维护社会公平正义，是构建社会主义和谐社会的重要资源和宝贵财富，在落实社会政策、了解群众需求、改进社会服务、协调利益关系、化解社会矛盾、增进社会和谐、推动社会进步等方面有着其独到的作用。

禁毒社会工作社会层面的功能通过服务对象、社会以及文化等层面体现出来。

（1）服务对象层面。其体现在解救服务对象危难、维持其基本生存；缓解困难，帮助服务对象走出困境，恢复正常生活；通过助人自助，激发服务对象潜能；增强服务对象社会功能，促进其发展等方面。社会工作者在其中主要扮演服务提供者、关系协调者、支持者、使能者等角色。

（2）社会层面。其体现在解决毒品这个社会问题，既要增强服务对象的能力，也要解决社会制度安排方面的问题；促进社会公正，创造条件满足服务对象正当的追求，包括保证服务对象获得机会、过程和结果等方面。社会工作者在其中主要扮演资源筹措者、政策影响者、倡导者等角色。

（3）文化层面。其体现在弘扬人道主义这一社会工作的价值基础和追求，以及透过关怀性社会环境的构建，促进社会团结等方面。社会工作者在其中主要扮演倡导者、政策影响者、资源筹措者等角色。

二、禁毒社会工作的目标

禁毒社会工作的目标体现在个人、家庭、社会以及制度层面。

（一）个人层面

（1）戒毒康复。调查分析戒毒康复人员的基本情况、吸毒史、社会支持系统、行为表现等，提供咨询和辅导；开展诊断评估，挖掘本人及家庭优势势能，为他们制订帮扶矫正计划；提供禁毒药物维持治疗及行为治疗，促进自我管理和社会适应能力提升等专业服务。

（2）戒毒人员再社会化。帮助戒毒康复人员修复亲情、调适家庭关系及社会关系，促进社会功能修复，获得家庭和社会归属感；开展以技能教育为保障、衔接帮扶为延伸的就业指导，提高个人社会价值，促进自我实现源动力的生成，巩固禁毒成效。

（二）家庭层面

（1）扶危解困。协调政府职能部门、社会组织及志愿者等资源，为禁毒康复人员及其家庭提供紧急救援、生活照料、就学与就业、医疗等服务，切实解决生活困难，保障生命安全。

（2）赋权。促进吸毒人员及家庭的去标签化，修复亲情，稳定家庭结构，建立家庭规范；帮助禁毒康复人员重新承担家庭角色，履行保障子女健康成长及赡养父母的义务，提升家庭抵御危机的能力。

（三）社会层面

（1）禁毒宣传。以毒品预防宣传和禁毒常识教育为重点，普及艾滋病防治等相关知识，让民众了解禁毒政策和工作成效，增强人民禁毒信心，提高自觉抵制毒品的能力。

（2）减少吸毒人员现实危害。指导、督促生理脱毒人员开展禁毒药物治疗、社区戒毒（康复）人员履行社区禁毒（康复）协议，预防言行异常、精神障碍以及暴力犯罪的发生，减少他们的现实危害，促进社会稳定。

（四）制度层面

（1）消除社会歧视。传递社会工作"扶危解困、助人自助"的工作理念，促进吸毒人员自我修复，回归家庭、融入社会；促进全社会对吸毒人员的认知与时俱进，接纳他们，消除社会歧视；倡导政策与制度的改变，改善社会支持网络，开展社会帮扶就业，保障其合法权益。

（2）开展政策倡导。在禁毒社会服务中，做好社会调查与资料分析，开展禁毒社会工作研究，向禁毒机构反馈有效信息，持续提升禁毒成效。分析有关禁毒管理政策，结合禁毒实务研究，向政府提出有关政策建议。

总之，禁毒社会工作的目标是预防和减轻毒品危害，促进吸毒人员社会康复、保护公民身心健康。禁毒社会工作的目标，从成瘾者的角度来说，是促进他们康复；从社会角度来说，是对社会大众进行预防并且减轻毒品的危害。

第四节　禁毒社会工作的伦理价值观

禁毒社会工作作为专业的助人活动，也必须遵循社会工作的伦理价值观。

一、禁毒社会工作的价值原则

禁毒社会工作的价值理念是"助人自助"，即禁毒社会工作希望能够帮助成瘾者，使他们具有帮助自己戒除毒瘾、自我修复发展的能力。为此，需要遵循以下价值原则。

（1）生命至上。社会工作者应保护服务对象及第三方利益相关者的生命。如服务对象所陈述的个人隐秘资料中涉及第三方利益相关者的生命安全，社会工作者应将相关信息知会第三方利益相关者，以确保其生命财产的安全，并提前做好相应的预防和准备。

（2）尊重。社会工作者相信，每一个人都是有价值的个体，每一个人与生俱来的尊严都必须获得尊重。接纳、自决和个别化原则均由尊重原则推导而来。禁毒社会工作者需要秉承社会医生的使命，非俯视视角看待吸毒人员，同这些"受害者""病人"开展平等对话。

（3）接纳。作为禁毒社会工作者，需要保持价值中立态度，做到非评判，才能顺利接纳服务对象。抛开对吸毒人员"违法""毫无人性""不择手段"等非理性观念，从"零"开始认识他们，倾听他们的想法与感受，换位思考他们的价值观和行为方式。但是，接纳不等同于接受，也不是内化于心，而是出于客观分析吸毒成瘾的内外因素，为帮扶治疗做准备。

（4）保密。保密是禁毒社会工作者开展禁毒工作的前提，也是赢得服务对象信任的保障。禁毒社会工作者应合理处理服务对象在服务过程中透露和提供的个人信息，包括信息资料的安全存放和合理使用，不向任何其他人士和公众透露或泄露服务对象的个人信息和隐秘资料，确保服务对象的利益不受侵犯。但是，危及生命、危害公共安全情形除外，这一点也需在开展服务前向服务对象做好澄清，使之知情同意。

（5）自决。禁毒社会工作者相信，每个人都有选择和自我决定的权利，同时也有自我实现的义务。禁毒社会工作者应使服务对象有最大的机会去决定其生活方向与方式。实践证明，培养长期有效的预防复吸能力，建立吸毒成瘾人员戒毒自信，使之内化于心，必须依靠案主自决，不能代位决定。因此，禁毒社会工作者需秉持助人自助原则，为吸毒人员提供客观有效评估，促进自我评价，引导他们在资源整合、潜能激发、自我修复和社会适应等方面准确地做出决定，并付诸实施。

（6）最小伤害。禁毒社会工作者应保护服务对象的利益不受侵害，减少或预防服务对象身体、心理和精神上受到伤害。无法避免造成伤害的，应选择对服务对象造成最小伤害的方案，或最容易恢复的方案，尽可能实现利益最大化。

值得注意的是，如涉及服务对象复吸、伤人或自杀等计划时，则保密、自决等价值原则可以打破，这一点也需在开展服务前向服务对象做好澄清，使之知情同意。

二、禁毒社会工作者的伦理责任

（一）对服务对象的伦理责任

公平：不分性别、年龄、宗教、种族等，本着平等精神，提供服务。
保密：应尊重服务对象的隐私权，对在专业关系中获得的资料，恪尽保密责任。
尊重自决：应尊重并培养服务对象自我决定的权利。
维护权益：应以服务对象之最佳利益为优先考虑。

（二）对同事的伦理责任

互尊：应以尊重、礼貌、诚恳的态度对待同事。
互助：应在必要时协助同事提供服务。
合作：应信任同事的合作，维护同事的权益。
协调：应以诚恳态度与其他专业人员沟通协调，共同致力于服务工作。

（三）对机构的伦理责任

尽忠职守：应信守服务机构的规则，履行机构赋予的权责。
公私分明：应公私分明，不以私人言行代表机构。

研究发展：应致力于机构政策、服务程序及服务能力的改善。

（四）作为专业人员的伦理责任

有爱心：带着爱心、耐心及专业知识为服务对象服务。
公正：绝不与服务对象产生非专业的关系，不图谋私人利益或私事请托。
成长：应持续充实知能，以提升服务品质。

（五）对专业的伦理责任

维护形象：应严格约束自己及同事的行为，以维护专业形象。
提升地位：应积极发挥专业功能，致力提升社会工作专业地位。

（六）对社会的伦理责任

扩大服务：应将专业的服务扩大及社会大众，造福社会。
维护正义：应以负责态度，维护社会正义，改善社会环境，增进整体社会的和谐。

第三章　我国的禁毒及禁毒社会工作

自鸦片战争起，我国禁毒工作已经走过了180多年的历史。但作为"运用社会工作专业机制"解决吸毒人员问题的专门职业及新兴的社会工作领域，禁毒社会工作则始于21世纪初期[①]。我国禁毒社会工作的发展主要体现在禁毒社会工作的实践探索渐次展开、禁毒社会工作的制度设计日臻完善上。我国禁毒社会工作呈现出禁毒社会化、队伍职业化、服务专业化的发展态势，在我国社会治理体系创新和社会治理能力现代化中发挥着越来越重要的作用。

第一节　我国的禁毒工作

中国人民对于毒品之害有切肤之痛。中国政府视毒品问题是危及国家安全、领土完整、民族兴衰、人民福祉、经济发展、社会稳定的重大问题，一直秉承坚决严厉惩治毒品犯罪的态度依法禁毒，取得了举世公认的显著成效。

一、我国禁毒工作的历史

虽然鸦片在唐朝就已引入我国作为药物使用，但直到明末清初时才开始出现民间的滥用。到了1729年，雍正皇帝颁布了《兴贩鸦片及开设烟馆之条例》，首次提出用刑罚手段来惩治贩卖、教唆或引诱他人吸食鸦片的行为，这是我国的第一部禁烟法令。1839年6月，道光皇帝下旨颁布了《查禁鸦片章程》，一共39条，集之前禁烟法令之大成，这是清朝第一部比较完整的禁毒法

[①] 李晓凤、马瑞民：《我国戒毒社会工作的发展历史及实务运作模式初探》，《社会工作与管理》，2014第4期，第5页。

律。鸦片战争后，战败的清政府被迫实施"弛禁"的鸦片政策，承认鸦片贸易合法化，禁烟法律随之搁置。20世纪初，清政府施行新政，光绪皇帝于1906年正式颁布了"十年为限禁绝烟毒上谕"，开始了清王朝20世纪第一次由政府发动的全国范围轰轰烈烈的禁烟运动。从1906年到1909年，清政府颁布了多个禁烟法令，还在1907年制定的《新刑律》中专列了鸦片罪。同时，清政府加强了禁烟的国际合作，与英国签订了《中英禁烟条约》，1909年在上海召开了"万国禁烟会"，形成了九项决议案。"万国禁烟会"是世界上第一次国际禁毒会议，就此拉开了国际联合反毒的序幕。

到了民国时期，国民政府继续推行禁烟政策，初期颁布了《禁烟暂行章程》《修正禁烟条例》《中华民国刑法》《禁烟法》等禁烟法令。1935年，国民政府推出了"六年禁烟计划"，先后发布了接近30项禁烟法令，代表性的有《禁烟实施办法》《禁毒实施办法》《修正禁烟治罪暂行条例》等，由此建立了较为完整的禁毒法律体系。

与此同时，中国共产党领导的解放区革命根据地政府也制定了禁烟禁毒法令，如《晋冀鲁豫边区毒品治罪暂行条例》《陕甘宁边区查获鸦片毒品暂行办法》等。

1949年中华人民共和国成立后，党和政府立即展开了轰轰烈烈的禁烟禁毒运动。从1950年到1952年，先后发布了一系列禁毒通令，如《严禁鸦片烟毒的通令》《中华人民共和国惩治毒犯条例（草案）》等。在这些禁毒法令的保障下，全国上下打了一场禁毒人民战争，在三年时间里，禁绝了为患百年的鸦片烟毒，并从此赢得三十年"无毒国"的美誉。

20世纪70年代末期以来，国际毒潮不断侵袭中国，过境贩毒引发的毒品违法犯罪活动死灰复燃。面对新的毒品问题，中国政府以对国家、民族、人民和全人类高度负责的态度，坚持严厉禁毒的立场，加快了立法的步伐，制定颁布了一些法律法规，并进行了不断的修订。如1979年颁布的《中华人民共和国刑法》、1986年国务院颁布的《治安管理处罚条例》，1990年全国人大常委会通过的《关于禁毒的决定》，1995年国务院发布了《强制戒毒办法》，1997年修订了《中华人民共和国刑法》，其中第六章第七节专门对走私、贩卖、运输、制造毒品制定了法律条款，2007年12月，全国人大常委会通过《中华人民共和国禁毒法》。从机构设置上看，1986年成立麻醉药品管理与禁毒协调会议，1990年成立国家禁毒委员会，1998年国务院批准公安部成立了禁毒局。1985年，我国批准加入了联合国《1961年麻醉品单一公约》和《1971年精神药物公约》，1989年又加入了《联合国禁止非法贩运麻醉药品和精神药物公约》。三个禁毒国际公约的加入，标志着我国禁毒工作开始与国际社会接轨。

进入21世纪后，中国政府以"禁毒人民战争"这一中国特有的禁毒形式，充分发动全民广泛参与，通过五轮禁毒人民战争，禁毒工作取得了巨大成就。

近些年，全球毒品泛滥态势进一步发展，中国禁毒工作面临新的风险挑战。禁毒工作继续坚持整体发力、系统治理，准确把握优化调整疫情防控政策后毒品形势的新变化新特点，针对新形势，研究新问题，推出新战法，积极推进毒品治理体系和治理能力现代化，着力推动禁毒工作高质量发展①。

二、我国禁毒工作的成效

全国公安禁毒部门全面贯彻落实党中央关于禁毒工作决策部署，全力推进禁毒人民战争，持续开展禁毒严打整治行动，创新完善毒品治理体系，大力整治突出毒品问题，推动禁毒工作取得新成效、新业绩。

据公安部2023年6月21日在京召开的新闻发布会消息，我国禁毒工作的主要做法及取得的成效集中体现在八个方面②：

（1）坚持严打方针、主动进攻，毒品犯罪高发势头得到有效遏制。统筹境内境外两条战线、网上网下两个战场，持续开展"百城禁毒会战""两打两控""净边""清源断流"等专项行动，创新"拔钉追逃""集群打零""网上扫毒"等战法，有力遏制了境外毒品渗透，狠狠打击了贩毒团伙网络。

（2）坚持人民至上、关怀救助，戒毒康复成效不断巩固扩大。坚持以人民为中心的发展思想，常态化开展吸毒人员"平安关爱"行动，深入实施社区戒毒社区康复工程，推进吸毒人员网格化服务管理，认真落实戒毒治疗、康复指导、关怀救助、就业扶持措施，毒品滥用造成的危害明显减轻。

（3）坚持预防为本、教育为先，新滋生吸毒人员大幅减少。制定实施《关于加强新时代全民禁毒宣传教育工作的指导意见》，坚持每年开展全民禁毒宣传月活动，每年开展全国在校学生秋季开学"五个一"禁毒专题教育和全国青少年禁毒知识竞赛，提升全民特别是青少年毒品认知和防毒拒毒能力。推广应用全国青少年毒品预防教育数字化平台，每年有23万余所学校的1亿多名学生在线接受系统禁毒教育。打造禁毒宣传融媒体，中国禁毒微博、微信公众号

---

① 朱晓莉：《揭秘毒品真相（33）：禁毒法律的完善》，https://www.163.com/dy/article/I2IEQ5120514JPDH.html。
② 刘哲：《公安部召开新闻发布会 通报新时代禁毒工作新成效新业绩》，https://news.cpd.com.cn/2023-06-21/n3559/623/t_1091113.html。

等新媒体订阅人数超过 6700 万，在全社会营造自觉抵制毒品的浓厚氛围。

（4）坚持从严管控、源头治理，制毒物品流失问题得到有效控制。加强市场监测和新增列管工作，我国列管易制毒化学品达到 38 种，超过联合国管制品种 14 种。建立全国易制毒化学品信息系统，探索建立信息化追溯体系。深入开展制毒物品清理整顿，完善最终用户审核、流失监测、进出口核查、来源倒查机制，强化往来重点国家双向查控，严密防范制毒物品流入境内外制毒渠道。深入推进"除根"等专项行动，严厉打击制毒物品违法犯罪活动。

（5）坚持问题导向、统筹施策，突出毒品问题得到有力整治。认真贯彻中共中央办公厅、国务院办公厅《毒品问题严重地区责任考评办法》和《关于整治突出毒品问题的实施意见》，以落实禁毒工作责任为核心，以解决突出毒品问题为重点，以推进禁毒重点整治、示范城市创建、农村毒品治理为抓手，精准施策、持续发力，统筹推进毒品问题综合治理、系统治理、源头治理，有力促进了我国禁毒形势整体好转。

（6）坚持超前防范、多措并举，新型毒品问题蔓延风险得到有效管控。积极应对新型毒品问题新挑战，加强监测、查缉和列管工作，新增列管 58 种新型毒品，创新整类列管芬太尼类物质、合成大麻素类物质，大力宣传新型毒品滥用危害，有效防控化解新型毒品蔓延风险。深入开展打击芬太尼类物质等新型毒品犯罪专项行动，加大清理排查、网上管控、专案侦查力度，严密防范新型毒品研发制造，确保国内没有形成规模性新型毒品滥用。

（7）坚持共建共享、主动担当，禁毒国际合作取得务实成果。秉持人类命运共同体理念，以对国际社会高度负责的态度，加强多边双边禁毒领域合作。坚定维护现行国际禁毒体系，认真履行国际禁毒公约义务，深度参与联合国禁毒事务，主动参与上合组织、大湄公河次区域禁毒合作机制等多边禁毒合作，在推进国际和区域毒品共治中发挥积极作用。

（8）坚持创新驱动、科技赋能，毒品治理能力水平显著提升。加快推进禁毒重点科研项目建设，建成国家毒品实验室和 5 个区域分中心，形成覆盖全国的毒品实验室技术支持网络，开展城市污水检测、毛发验毒和新精神活性物质筛查分析等工作。完善全国禁毒综合信息应用系统和研判平台，提升精准打击、精准管控能力。推进毒品监测体系建设，加强毒情监测和效果评估，提高科学决策能力。推进禁毒社会力量建设，成立各类禁毒社会组织、协会，发展禁毒志愿者。

三、我国与禁毒相关的法律法规

我国现行禁毒工作的法律依据是《中华人民共和国禁毒法》，由2007年12月29日中华人民共和国第十届全国人民代表大会常务委员会第三十一次会议通过，2008年6月1日起施行。《中华人民共和国禁毒法》全面规范我国的禁毒工作。《中华人民共和国刑法》《中华人民共和国刑事诉讼法》《中华人民共和国治安管理处罚法》《中华人民共和国药品管理法》等四部法律为禁毒刑事执法、行政执法提供依据。《中华人民共和国刑法》设置了"走私、贩卖、运输、制造毒品罪""非法持有毒品罪"等13个毒品犯罪罪名。《中华人民共和国治安管理处罚法》对吸毒等违法行为进行规定。我国厉行禁毒，严厉打击毒品犯罪，根据相关法律规定，只要是毒品犯罪，无论数量多少都要被定罪处罚。国务院先后发布《麻醉药品和精神药品管理条例》《易制毒化学品管理条例》《戒毒条例》，为禁毒行政管理工作提供依据。《娱乐场所管理条例》《拘留所条例》明确有关禁毒责任。2015年公安部等四部门出台《非药用类麻醉药品和精神药品列管办法》，以增补目录的形式及时列管易被滥用成瘾的物质。中国现已列管449种麻醉药品和精神药品以及整类芬太尼类、合成大麻素类物质，38种易制毒化学品（包括1个麻黄碱类物质）。

（一）《中华人民共和国禁毒法》

《中华人民共和国禁毒法》是为了预防和惩治毒品违法犯罪行为，保护公民身心健康，维护社会秩序制定的，由中华人民共和国第十届全国人民代表大会常务委员会第三十一次会议于2007年12月29日通过，2008年6月1日颁布实施。这也是新中国成立以来颁布的第一部关于预防和惩治毒品犯罪的法律。

《中华人民共和国禁毒法》是为了应对毒品违法犯罪形势、适应禁毒工作发展需要，在总结多年来禁毒斗争实践经验、吸收国内外已有法律规定、广泛听取各方意见的基础上，制定的第一部全面规范中国禁毒工作的重要法律，是指导中国禁毒工作的基本法。它的颁布实施，进一步彰显了中国政府厉行禁毒的一贯立场和坚定决心，完善了中国预防和惩治毒品违法犯罪的法律体系，对于依法全面推进中国禁毒事业具有重要意义，是中国禁毒史上的重要里程碑。

《中华人民共和国禁毒法》共计七章七十一条，对禁毒工作涉及的工作机制、禁毒宣传教育、毒品管制、戒毒措施、禁毒国际合作、法律责任等方面进行了全面规范。

(二)《戒毒条例》

戒毒工作具体实施所依照的《戒毒条例》，由 2011 年 6 月 26 日国务院第 160 次常务会议通过，自公布之日起施行。

《中华人民共和国禁毒法》规定了自愿戒毒、社区戒毒、强制隔离戒毒、社区康复等戒毒措施，同时规定，强制隔离戒毒场所的设置、管理体制和经费保障由国务院规定。为了实施禁毒法规定的各项戒毒措施，全面规范戒毒工作，在总结以往强制戒毒、劳教戒毒执法实践经验，以及禁毒法规定的其他戒毒措施的试点经验基础上，制定了《戒毒条例》。

《戒毒条例》共七章四十六条，包括建立戒毒保障机制，建立戒毒工作体系、细化戒毒法律责任和明确戒毒法规效力四个方面，其主要内容在于规定了自愿戒毒、社区戒毒、强制隔离戒毒和社区康复四种戒毒措施的执行问题，为每一项戒毒措施都规定了相应的具体制度，从而解决了《中华人民共和国禁毒法》的具体理解和实际执行问题。这些规定在价值理念上体现了对戒毒人员的权利保障，注重戒毒政策的科学要求和加强戒毒工作的社会联动。

(三)《中华人民共和国刑法》中有关禁毒的罪名

由《中华人民共和国刑法》和与之相配套的司法解释及司法解释性文件共同组成了惩治毒品犯罪的法律依据。1997 年《中华人民共和国刑法》在修订时将 1990 年《关于禁毒的决定》中的刑事部分内容纳入其中，并对毒品概念进行了修改，增设了 2 个罪名。2015 年通过的《中华人民共和国刑法修正案（九）》再次对毒品犯罪的罪名进行了增补，《中华人民共和国刑法修正案（十一）》增补 355 条之一，规定的妨害兴奋剂管理罪。

我国的刑法对毒品犯罪奉行的是从严惩处、注重经济处罚、区别对待的基本原则，体现了我国政府厉行禁毒的立场和态度。为了在司法实务中更为准确地适用刑法，近年来最高司法机关不断制定出台了配套的司法解释和司法解释性文件，它们与《中华人民共和国刑法》共同丰富了我国禁毒刑法的内容，增强了法律的可操作性。

(四) 关于禁毒的行政法律

关于禁毒的行政法律也经历了一个不断修订完善的过程，包括了禁毒行政法律、行政法规和部门规章，还有规范性文件，是禁毒法律体系中最庞大的部分。

1. 禁毒行政法律

禁毒行政法律最初是 1986 年制定发布的《治安管理处罚条例》。2005 年 8 月，第十届全国人民代表大会常务委员会通过了《中华人民共和国治安管理处罚法》，《治安管理处罚条例》随之废止。2012 年立法机关对《中华人民共和国治安管理处罚法》进行了修订。这部法律与《中华人民共和国刑法》相衔接，是目前对涉毒违法行为进行行政处罚的主要依据。《中华人民共和国治安管理处罚法》于 2013 年 1 月 1 日起施行。法律中有三款涉及禁毒的相关行政处罚规定。

第七十一条　有下列行为之一的，处十日以上十五日以下拘留，可以并处三千元以下罚款；情节较轻的，处五日以下拘留或者五百元以下罚款：非法种植罂粟不满五百株或者其他少量毒品原植物的；非法买卖、运输、携带、持有少量未经灭活的罂粟等毒品原植物种子或者幼苗的；非法运输、买卖、储存、使用少量罂粟壳的。有前款第一项行为，在成熟前自行铲除的，不予处罚。

第七十二条　有下列行为之一的，处十日以上十五日以下拘留，可以并处二千元以下罚款；情节较轻的，处五日以下拘留或者五百元以下罚款：非法持有鸦片不满二百克、海洛因或者甲基苯丙胺不满十克或者其他少量毒品的；向他人提供毒品的；吸食、注射毒品的；胁迫、欺骗医务人员开具麻醉药品、精神药品的。

第七十三条　教唆、引诱、欺骗他人吸食、注射毒品的，处十日以上十五日以下拘留，并处五百元以上二千元以下罚款。

2. 禁毒行政法规、部门规章及规范性文件

禁毒行政法规、部门规章及规范性文件分别从管制麻醉药品和精神药品、易制毒化学品、戒毒制度三个部分共同构成了我国禁毒行政法规体系。第一部分是关于管制麻醉药品和精神药品。主要有 2005 年国务院制定发布的《麻醉药品和精神药品管理条例》、2015 年国务院多部委共同制定的《非药用类麻醉药品和精神药品列管办法》，以及相关部门制定的多个部门规章。这些条例和规章对麻醉药品、精神药品以及新精神活性物质从原植物的种植到药品的生产、经营、购买、运输、储存、使用等进行严格的管理，规定了一整套的管理制度。第二部分是管制易制毒化学品。2005 年国务院发布的《易制毒化学品管理条例》以及相关部门相继出台的一系列配套规定，共同构建了分类管理、分级管理、许可报备、进出口国际核查等在内的易制毒化学品管理制度。第三

部分是我国的戒毒制度。国务院于 2011 年 6 月发布了《戒毒条例》，取代了 1995 年的《强制戒毒办法》。《戒毒条例》改革了我国原有的戒毒措施，建立了自愿戒毒、社区戒毒、强制隔离戒毒和社区康复相互衔接的戒毒制度。它与之前公安部制定发布的《吸毒检测程序规定》《吸毒成瘾认定办法》和《吸毒人员登记办法》等成为吸毒人员管理和矫治方面的行政执法依据。

3. 地方性禁毒法规、规章及规范性文件

从 1991 年至 2002 年，由于当时的禁毒法律法规处于逐渐完善过程中，还存在诸多不足，加之一些地区禁毒形势严峻，先后有 30 多个省、自治区、直辖市制定了地方性禁毒法规、规章，作为地方开展禁毒工作的法律依据。《中华人民共和国禁毒法》出台后，国家禁毒法律体系趋于完善，地方性禁毒法规、规章的制定需求逐渐减少，大部分地区参照《中华人民共和国禁毒法》对地方的禁毒条例进行了修订。

（五）禁毒国际法

禁毒国际法包括了我国加入的国际禁毒公约和我国与其他国家签署的双边、多边条约。中国分别在 1985 年和 1989 年加入了联合国《经〈修正一九六一年麻醉品单一公约的议定书〉修正的一九六一年麻醉品单一公约》《一九七一年精神药物公约》和《一九八八年联合国禁止非法贩运麻醉药品和精神药物公约》，履行缔约国的禁毒义务，与国际社会联手抗击毒品。除此之外，我国不断深化禁毒国际合作领域，扩大禁毒国际合作范围，与多个国家签署了禁毒多边条约。比如，1993 年，中国、老挝、缅甸、泰国与联合国禁毒署签署了《东亚次区域禁毒合作谅解备忘录》，1995 年，越南和柬埔寨加入，六国七方签署了《次区域禁毒行动计划》，形成了东亚次区域禁毒合作框架。中国还先后与东南亚国家联盟、上海合作组织成员签署了多边禁毒合作协议。在禁毒双边合作方面，我国政府与外国政府签订了 30 多个政府间双边协议或谅解备忘录，比如 1987 年中美两国政府签署的《中美禁毒合作备忘录》，1996 年中俄两国签署的《关于禁止非法贩运和滥用麻醉药品及精神药物的合作协议》等。

我国的禁毒法律历经时代变迁，终于建立了一个较为系统和完备的禁毒法律体系。未来，我国政府还将根据毒品形势的变化和禁毒工作的需要，不断地修订、丰富、完善法律体系，更好地让它为控制毒品问题发挥重要作用。

第二节　我国禁毒社会工作的实践探索及制度架构

禁毒社会工作作为禁毒工作中的一项基本制度，是由政府命令和法律引入，自上而下实行，作为社会治理体系创新和社会治理能力现代化的一项举措，成为贯彻政府的综合治理社会治安政策、确保社会稳定和社会和谐的不可或缺的制度。同时，禁毒社会工作又是一项基层社会组织自发、自觉与自助的一种行动，自下而上推动着禁毒社会工作制度化、规范化与法制化发展[①]。

近些年来，国家引导社会工作专业进入禁毒领域，禁毒社会工作的地方实践渐次展开，成为我国禁毒领域社会治理的重要组成部分。目前，我国已经出台了禁毒社会工作的相关政策，搭建了禁毒社会工作服务的组织体系和工作平台，制定了禁毒服务规范与标准，禁毒社会工作的制度设计初见成效。

一、我国禁毒社会工作的实践探索

在我国，戒毒社会工作的萌芽始于20世纪末21世纪初"美国戴托普治疗模式"在昆明的实践。戴托普治疗模式是从社会学、心理学、行为学、临床医学、预防医学等多学科结合的角度，对吸毒人员进行治疗与善后服务的自愿戒毒模式，这也是目前国际上影响较为广泛的戒毒模式之一。2001年，云南大学社会工作系与戴托普药物依赖治疗康复中心合作，前者对后者的工作人员进行培训，后者为前者提供实习场地与实习督导。这表明，尽管戒毒社会工作者的名称在我国还没有出现，但自21世纪初开始，社会工作已经介入戒毒工作体系之中[②]。但在我国，最早开展禁毒社会工作服务的是上海市自强社会服务总社。

21世纪初，上海面临从毒品过境转变成毒品消费日益严重的情况，禁毒形势日益严峻，由此带来的一些社会治理问题日益凸显。当时的禁毒形势呈现为：吸毒人数连续呈现大幅增长；吸毒引发的各类违法犯罪案件呈高发态势；

[①] 莫关耀：《什么是禁毒社会工作？》，https://new.qq.com/rain/a/20220317A08RH100。
[②] 李晓凤、马瑞民：《我国戒毒社会工作的发展历史及实务运作模式初探》，《社会工作与管理》，2014第4期，第6页。

专门力量不足，政策缺乏统筹性；传统工作理念难以适应现实需求。只靠政府部门"孤军作战"，显然已经力不从心。

2003年，上海市提出"政府主导推动、社团自主运作、社会多方参与"的全新工作理念，积极探索创新社区戒毒康复工作模式，通过政府购买服务的方式，推动建立了全市第一个禁毒社会组织——上海市自强社会服务总社，把政府的戒毒帮教服务职能委托给社会组织，走禁毒工作社会化、专业化、职业化的道路，进一步落实了戒毒社区康复措施，取得了明显的成效。

与之前的社会组织不同，上海市自强社会服务总社的机构宗旨是，运用助人自助的理念和社会工作的专业方法，为上海社区药物滥用人员提供以康复辅导服务为主的社会服务，同时提供以预防滥药为主的多元社会服务，也就是禁毒社会工作服务。

自强总社成立以来，始终坚持以人为本的原则和关爱、乐助、自强的服务理念，运用社会工作的专业方法与技巧，深入社区开展戒毒帮教工作，以个案工作为基础，以小组工作为重点，整合社区管理、社会援助、戒毒医疗、培训研究等部门资源，积极为戒毒人员提供以社区戒毒康复为主要内容的综合性帮教服务。

从2007年开始，上海部分地区开始逐步探索成立区域内的禁毒社会组织。截至2019年8月，全上海共有1200余名禁毒社工活跃在社区戒毒和社区康复第一线，平均年龄35岁，本科以上学历占80.62%，有助理社工师、社工师、助理心理咨询师、心理咨询师资质的占76.86%。上海禁毒社工队伍整体素质不断提高，开展专业服务的水平和能力在不断增强。禁毒社工在社区禁毒宣传教育、重点人员动态掌控、重大节点安全守护等方面发挥着重要作用，让无数吸毒者找到了"回家"的路[1]。

深圳禁毒社会工作服务始于2008年10月，以福田区作为禁毒社会工作进驻社区的试点单位，采取"政府购买，民间运作"方式，陆续在深圳其他区辐射开来。经过多年的积累，深圳禁毒社会工作已形成"戒毒康复—救助帮扶—禁毒宣传—协助禁毒管理"四位一体的服务体系[2]。2010年5月，广东东莞禁毒办也开展禁毒社会工作试点，首批15名禁毒社工正式上岗，主要工作内容包括推行社区禁毒宣传、学校禁毒预防教育、为戒毒人员提供社区戒毒辅导及

---

[1] 厉济民、陈慧：《上海16年禁毒专业化社会化之路》，《中国禁毒报》，2019年9月24日第1版。

[2] 深圳市温馨社工服务中心、深圳市龙岗区彩虹社会工作服务中心：《深圳社工禁毒戒毒领域服务报告》，https://www.sohu.com/a/4562410899904059。

康复训练、帮助其重建家庭关系等。

禁毒社会工作者遵循专业价值观，运用个案、小组等服务方法，为工作对象提供生活关心、戒毒康复帮助、就业指导、法律咨询服务和行为督促等多项服务措施，在降低复吸率、预防犯罪、满足服务对象基本需要等方面取得了一定成效，为后续禁毒社会工作的发展奠定了实践基础。

二、我国禁毒社会工作的相关政策

（一）社会工作政策中有关禁毒的规定

2006年10月，中共十六届六中全会作出《中共中央关于构建社会主义和谐社会若干重大问题的决定》。该决定指出，造就一支结构合理、素质优良的社会工作人才队伍，是构建社会主义和谐社会的迫切需要。建立健全以培养、评价、使用、激励为主要内容的政策措施和制度保障，确定职业规范和从业标准，加强专业培训，提高社会工作人员职业素质和专业水平。制定人才培养规划，加快高等院校社会工作人才培养体系建设，抓紧培养大批社会工作急需的各类专门人才。充实公共服务和社会管理部门，配备社会工作专门人员，完善社会工作岗位设置，通过多种渠道吸纳社会工作人才，提高专业化社会服务水平。该决定指出，加强社会治安综合治理，增强人民群众安全感。加强对流浪儿童、服刑人员子女的关心教育，强化吸毒人员感化和管理，改进刑释解教人员帮教安置工作。

2011年11月，中央组织部、中央政法委、民政部等18个部门和组织联合发布了《关于加强社会工作专业人才队伍建设的意见》。该意见指出，社会工作专业人才是具有一定社会工作专业知识和技能，在社会福利、社会救助、慈善事业、社区建设、婚姻家庭、精神卫生、残障康复、教育辅导、就业援助、职工帮扶、犯罪预防、禁毒戒毒、矫治帮教、人口计生、纠纷调解、应急处置等领域直接提供社会服务的专门人员。充分发挥他们在困难救助、矛盾调处、人文关怀、心理疏导、行为矫治、关系调适等个性化、多样化服务方面的专业优势，对解决社会问题、应对社会风险、促进社会和谐、推动社会发展具有重要基础性作用。可见，禁毒戒毒从一开始就被纳入了我国社会工作人才服务的重要领域。

（二）禁毒工作中有关社会工作的规定

早在20世纪90年代，我国推行的创建"无毒社区"工程，就有了禁毒社会工作的雏形。《中华人民共和国禁毒法》颁布后，特别是2014年中共中央、国务院发布了《关于加强禁毒工作的意见》以及2017年《关于加强禁毒社会工作队伍的意见》颁布实施，禁毒社会工作在我国各地迅速发展。

2008年6月1日起实施的《中华人民共和国禁毒法》，以立法的方式明确了禁毒是全社会的共同责任，其中包括社会团体在内的组织、单位、个人应当依法履行禁毒职责或者义务。2011年《戒毒条例》明确规定，县级以上人民政府应当建立政府统一领导，禁毒委员会组织、协调、指导，有关部门各负其责，社会力量广泛参与的戒毒工作体制。这就为禁毒社会工作的发展提供了法律基础和保障。

2014年中共中央、国务院发布的《关于加强禁毒工作的意见》提出，地方各级党委和政府对本地区禁毒工作负总责，要把禁毒工作纳入当地经济社会发展总体规划，摆上重要议事日程，列入全面深化改革、社会治理和公共服务的重要内容；积极引导全社会力量参与禁毒工作；逐步建立禁毒社会工作专业人才和志愿者队伍。

2016年国家禁毒委员会全体会议特别指出，将把禁毒工作作为城乡社区建设的重要内容，发挥基层群众性自治组织协助政府开展工作的职能作用，积极做好禁毒宣传教育和社区戒毒社区康复等工作。要求在推动社会力量参与上下功夫，注重培育发展民办社会工作服务机构、志愿服务组织等，规范登记管理、加强社会组织能力建设等制度安排。在完善工作机制上下功夫，建立健全社区、社会组织和专业社会工作"三社联动"机制，充分发挥专业社会工作者在禁毒工作特别是社区戒毒、社区康复工作中的独特作用。要大力发展禁毒社会组织和队伍，按照数量和质量适应工作发展的要求，有计划、有目标地推动禁毒社会工作者队伍发展、壮大和成熟，要分层次和标准不断总结提炼有效模式，培育发展社会工作者队伍。

2017年1月，国家禁毒委联合民政部等12部门共同印发了《关于加强禁毒社会工作者队伍建设的意见》。该意见指出，发展禁毒社会工作、加强禁毒社会工作者队伍建设，是增强禁毒工作专业力量、完善禁毒工作队伍结构、推进禁毒工作社会化的重要途径，是健全禁毒社会服务体系、创新禁毒社会服务方式、提升禁毒社会服务水平的有力手段，是推进毒品问题治理体系和治理能力现代化的必然要求。该意见从总体规划、人才培养、职责任务、组织领导、制度建设等方面对禁毒社会工作者队伍建设作了规定。该意见的出台,对禁毒社会工作的组织领导、任务目标、职业内容、队伍建设、资金保障提出了详细的要求,明确了禁毒社会工作的发展方向。

三、我国禁毒社会工作的组织体系和工作平台

《中华人民共和国禁毒法》规定,禁毒工作实行政府统一领导,有关部门各负其责,社会广泛参与的工作机制。经过近些年的发展以及本土化的实践,禁毒社会工作现已形成一种宏观层面打造禁毒社会化治理新格局、中观层面建构中国特色禁毒社会工作体系、微观层面重视戒毒康复人员成功戒毒和回归社会的全方位多层次服务体系,已作为营造共建共治共享社会治理格局不可或缺的组成部分,推动社会治理朝着更加专业化、社会化及精细化的方向发展[①]。

国家禁毒委员会是国务院议事协调机构,负责组织、协调、指导全国的禁毒工作,现有公安部、卫健委、教育部等多个成员单位。国家禁毒委员会办公室设在公安部禁毒局,现有预防教育处、缉毒侦查处、禁吸禁种处、国际合作处等多个处室。全国各省(自治区、直辖市)、市、县普遍设立禁毒委、禁毒办和禁毒专业队伍。公安部另设有禁毒情报技术中心(国家毒品实验室),负责禁毒科研、毒品检验分析鉴定等工作。

县级以上各级人民政府应当将禁毒工作纳入国民经济和社会发展规划,并将禁毒经费列入本级财政预算,保障自愿戒毒、社区戒毒、强制隔离戒毒、社区康复工作的开展。因此,县级以上各级人民政府是购买禁毒社会工作服务的主体。

在社会参与方面,推进禁毒社会力量建设,成立各类禁毒社会组织、协会。

通过创新政府购买服务机制,产生了一批禁毒社会工作服务机构,培育了一批优秀禁毒社会工作者,开展了切实有效的禁毒社会工作服务。上海、江苏、浙江、广东等地通过政府购买项目方式,培育带动了一批具有一定规模和社会影响力的禁毒社会服务机构。湖北、贵州、宁夏等地通过政府购买岗位方式,打造了一批以"戒毒中心社区""阳光工程""绿荫工作室"为代表的禁毒工作品牌。

---

① 莫关耀、曲晓光:《禁毒社会工作》,中国人民公安大学出版社,2017年,第22页。

探索了一系列服务模式，禁毒社会工作的服务成效日益显现。目前，我国各地就社会工作如何制度化地参与社区戒毒康复工作进行了积极探索和制度创新，主要形成了三种模式：一是以上海自强服务总社为代表的"内生机构"模式，即由政府出资建立社团或民办非企业组织，再由这些组织行使政府转移的部分职能；二是广州市的"内生岗位"模式，即《中华人民共和国禁毒法》实施后，一些街道办事处新设了社区戒毒专员的岗位，聘用专人从事社区戒毒康复工作；三是深圳市的"外派岗位/社工"模式，即由政府出资为需要社会工作人才的政府部门、事业单位和社区等购买社会工作岗位，社会服务组织作为社会工作者的聘用单位，负责向这些单位派驻社会工作者。

按照服务驻点地划分，禁毒社会工作者主要分为戒毒康复场所禁毒社会工作者和街道禁毒社会工作者。戒毒康复场所禁毒社会工作者主要是在强制隔离戒毒所和康复所工作，负责戒毒学员的心理矫治和教育矫正。街道禁毒社会工作者一般分别驻点在公安分局禁毒办、街道办和社区工作站等地，负责社区戒毒（康复）人员的尿检、美沙酮治疗和分级分类管控工作，以及社区禁毒宣传等工作。

四、我国禁毒社会工作的服务规范与标准

近些年来，部分省、市发布并实施了禁毒社会工作的相关服务规范、指南等，推动禁毒社会工作朝着专业化、标准化和规范化的方向发展，有利于提高禁毒社会工作的服务质量。

四川省地方标准《司法社会工作服务规范》（DB510100/T 208—2016）由成都市质量技术监督局批准发布，2016年11月1日起实施。该标准规定了司法社会工作服务的术语和定义、提供方要求、服务内容、服务方法，适用于成都市司法领域社会工作服务的开展。其涉及的服务对象中涵盖戒毒康复人员，含有戒毒康复服务的内容。

上海市地方标准《禁毒社会工作服务指南》（DB31/T 1261—2020）由上海市市场监督管理局批准发布，2021年4月1日起实施。该标准主要由"范围""规范性引用文件""术语和定义""服务原则""服务内容""服务方法""服务流程""服务保障""评价与改进"等内容组成。该标准适用于上海市各类社会组织开展的禁毒社会工作服务，政府相关部门可参考进行服务的采购、研究与管理。

安徽省地方标准《社区戒毒社区康复社会工作服务规范》（DB34/T 3941—2021）由安徽省市场监督管理局发布，2021年6月8日实施，确立了社区戒毒、社区康复社会工作的基本要求，并规定了社区戒毒、社区康复社会工作的服务流程及评价与改进。该标准适用于社区戒毒、社区康复社会工作服务。

广东省地方标准《社区戒毒社区康复社会工作服务规范》（DB44/T 2296—2021）由广东省市场监督管理局发布，2021年7月14日实施。其主要包括术语与定义、服务保障、社区戒毒社区康复社会工作服务过程和内容、其他社会面吸毒人员社会工作服务、服务方法、服务评估等内容。该标准适用于广东省从事社区戒毒社区康复、其他社会面吸毒人员社会工作的禁毒社会服务机构及社会工作者。

深圳市地方标准《禁毒社会工作服务指南》（DB4403/T 209—2021）由深圳市市场监督管理局批准发布，2022年1月1日实施，规定了禁毒社会工作的服务原则、服务内容、服务方法、服务过程、服务管理和服务保障。该标准适用于深圳市范围内面向吸/戒毒人员（包括自愿戒毒人员、强制隔离戒毒人员、社区层面吸/戒毒人员）及其家属和其他社区居民开展的禁毒社会工作服务。《禁毒社会工作服务指南》的实施可直接推动禁毒社会工作朝着专业化、标准化和规范化的方向发展，使禁毒社会工作者形成合力，减少服务死角，有利于提高禁毒社会工作服务质量，进而有效遏制毒品蔓延的趋势。

第三节 我国禁毒社会工作的发展态势

中国共产党第十九届四中全会提出，推进国家治理体系和治理能力现代化。我国禁毒社会工作正朝着禁毒社会化、队伍职业化、服务专业化的方向发展。

一、禁毒社会化

作为禁毒与社会工作领域新融合，应当了解当前禁毒工作现状与困境，理解禁毒社会化的必要性，明确禁毒社会化的方向。

(一) 什么是禁毒社会化

禁毒社会化，是指在政府职能部门的指导、监督下，以人民群众为核心，社会各方积极协作，培养全民禁毒意识，提高防毒拒毒能力，参与毒品打击和治理的社会服务过程。

(二) 禁毒工作社会化的必要性

1. 我国禁毒工作实行政府统一领导，有关部门各负其责，社会广泛参与的工作机制

长期以来，禁毒工作主要依靠公安机关、司法行政机关等职能部门采取的一系列预防、打击、治理措施，行之有效地控制了毒品违法犯罪，维护了社会秩序。然而，毒品问题没有得到根治，出现了新的制毒贩毒网络，不断有新的吸毒人群加入，不断有戒毒人员反复吸毒。实践证明，遏制毒品泛滥，消灭制毒贩毒，关键在于建立长治久效的全民禁毒机制，与时俱进地提高人民群众识毒、防毒、拒毒的能力水平。

2. 禁毒工作是一项系统工程

禁毒工作不能只是依靠国家行政力量，更需要从基层提高预防和治理水平，在预防、打击和治理的过程中形成协同机制，广泛联动，健全禁毒社会服务体系，创新禁毒社会服务方式，提升禁毒社会服务水平，推进毒品问题治理体系和治理能力现代化。

3. 禁毒是全社会的共同责任

国家机关、社会团体、企业事业单位以及其他组织和公民，应当依照《中华人民共和国禁毒法》的规定履行禁毒职责或义务。只有让禁毒工作深入各行各业，才能在社会每一个角落实现预防和减轻毒品危害，促进吸毒人员戒毒康复，保护公民身心健康，共建"无毒"社会。

（三）禁毒工作社会化之发展趋势

1. 全面更新戒毒康复理念

无论是自愿戒毒、社区戒毒（康复），还是强制隔离戒毒，我国对于戒毒康复工作开展了深入探索，取得了一定成效。长期形成的传统戒毒模式根植于戒毒工作中，通过强制惩罚手段威慑吸毒行为，治标却不能治本。近年来，司法部开展戒毒模式新探索，建立了"四区五中心"的全国统一戒毒模式，从医疗脱毒、心理矫治、教育矫正等多方面综合戒毒，实现了戒毒康复工作与时俱进，不断探索科学理论，并付诸实践。

2. 大力培养禁毒工作专业人才

毒品问题是世界性难题。毒品问题涉及生物学、社会学、心理学、医学等多个领域，需要结合多种学科理论研究，探索毒品问题根源。同时，治理毒品问题难，体现在毒品泛滥的社会因素多且杂，吸毒成瘾性综合分析研究水平低，矫正吸毒行为手段匮乏。因此，需要培养多学科领域人才，开展综合实践，探索系统化、科学化的戒毒康复及预防复吸方法。

3. 系统建设戒毒康复工作体系

统计数据显示，吸毒人员自愿戒毒比例低，社区戒毒（康复）执行水平差异大、强制隔离戒毒导致戒毒人员再社会化困难、戒毒康复时效性有限、个体化矫治效果差等问题突出。归根到底，还是源于原有的戒毒康复工作体系不均衡，缺乏系统性建设。因此，系统建设戒毒康复工作体系十分重要。

4. 努力营造友善关爱社会环境

调查数据显示，认为自己戒毒后回归社会会遭受歧视的吸毒人员比例逐年递增。部分社会成员包括家庭成员不愿接纳他们，甚至对这些吸毒人员挖苦、讽刺、排斥，深深地伤害了他们的自尊心和自信心，形成了社会隔离。这些社会歧视导致他们再就业困难。调查显示，吸毒成瘾人员戒毒康复后，想回原单位或重新就业，单位避之不及甚至除名；吸毒成瘾人员创业时，得不到家庭的资助和社会的支持。他们回到社会后，成天无所事事，精神空虚，陷入想复吸的恶性循环。因此，努力营造友善关爱社会环境，对于帮助吸毒人员回归社会非常重要。

二、队伍职业化

《关于加强禁毒社会工作者队伍建设的意见》指出，近年来，不少地方在禁毒社会工作者队伍建设方面进行了实践探索，积累了初步经验，取得了积极成效。但总体看，全国禁毒社会工作者队伍建设尚处在起步阶段，还存在基础薄弱、保障不足、体制机制和政策制度不完善、队伍数量缺口大、能力素质不高等突出问题，与禁毒工作总体水平不相匹配，与提升毒品问题治理能力要求不相适应，与中央加强禁毒工作系列决策部署还有较大差距。因此，加强禁毒社会工作队伍的专业化、职业化建设，是未来禁毒社会工作发展的重要支撑。

（一）禁毒社会工作

禁毒社会工作是禁毒工作的重要组成部分，是坚持"助人自助"价值理念，遵循专业伦理规范，运用社会工作专业知识、方法和技能预防和减轻毒品危害，促进吸毒人员戒毒康复，保护公民身心健康的专门化社会服务活动。

2006年7月人事部、民政部联合颁发了《社会工作者职业水平评价暂行规定》和《助理社会工作师、社会工作师职业水平考试实施办法》，2018年3月，人力资源社会保障部、民政部下发了《关于印发〈高级社会工作师评价办法〉的通知》，形成了一套社会工作者职业水平评价制度，保障了禁毒社会工作的职业化、科学化、规范化。

（二）禁毒社会工作者

禁毒社会工作者，是遵循社会工作伦理规范，综合运用社会工作知识、方法和技能，预防和减轻毒品危害，修复戒毒康复人员社会功能，促进公民身心健康的专业社会服务人员。

禁毒社工作为禁毒社会化工作的新兴力量，在禁毒宣传、解决吸毒人员及家庭困难、帮助吸毒成瘾人员戒毒康复以及回归社会等方面发挥着越来越重要的作用。

《关于加强禁毒社会工作者队伍建设的意见》指出，要明确禁毒社会工作者职责任务，大规模开展专业培训，不断提升现有禁毒社会工作从业人员的专业素质和职业能力，逐步扩大禁毒社会工作者队伍规模；完善高等学校人才培养体系，初步形成适合我国国情的禁毒社会工作专业人才培养模式；规范禁毒社会工作者职业评价，加大禁毒社会工作者配备使用力度，培养扶持禁毒社会工作服务机构，强化禁毒社会工作者职业保障。建立较为完善的禁毒社会工作者队伍建设运行机制、工作格局和保障体系，建成一批有影响力的禁毒社会工作服务机构，实现禁毒社会工作服务在城乡、区域和领域的基本覆盖，禁毒社会工作者队伍的专业作用和服务成效不断增强。

（三）禁毒志愿者

禁毒志愿者是以政府禁毒部门为主导，在专业社会工作者指导下，协助职能机构开展禁毒宣传、吸毒人员帮扶救助、戒毒康复、促进社会融入等公益性活动的义务工作者。

《中华人民共和国禁毒法》指出，国家鼓励志愿人员参与禁毒宣传教育和戒毒社会服务工作。地方各级人民政府应当对志愿人员进行指导、培训，并提供必要的工作条件。

《关于加强禁毒社会工作者队伍建设的意见》指出，民政部门要切实履行好推进社会工作专业人才队伍建设、志愿者队伍建设、社会组织登记管理和社区建设政策指导的有关职能，统筹推进禁毒社会工作者队伍建设。

（四）禁毒公益事业

禁毒是全社会共同的责任，国家鼓励社会团体、企业事业单位、其他组织和个人参与禁毒公益事业。国家鼓励采取各种形式开展全民禁毒宣传教育，普及毒品预防知识，增强公民的禁毒意识，提高公民自觉抵制毒品的能力。

国家对禁毒工作的社会捐赠，依法给予税收优惠。目前，各地方人民政府通过人才引进、政策扶持、税收优惠等措施，大力发展社会工作机构承办社区康复中心，促进吸毒成瘾人员融入社会。

三、服务专业化

社会工作者的专业化程度是帮助吸毒成瘾人员戒毒康复、回归社会、建立社会广泛信任的关键。禁毒社会工作服务必须秉持专业的价值观，担当专业角色，具备专业能力。

（一）禁毒社会工作者的角色

为了更好地运用专业理念，切实解决吸毒成瘾人员困难，禁毒社会工作者在不同阶段、服务不同对象、采取不同工作方法时，担当不同的专业角色，具有不同属性和职能。

（1）咨询者：提供禁毒戒毒咨询服务，包括提供禁毒政策、戒毒知识、成瘾性评估等咨询服务。

（2）支持者：提供心理辅导和生活支持服务。禁毒社会工作者侧重于心理危机干预、修复人际关系、社会救助、消除歧视等方面的服务。

（3）协调者（资源链接者）：整合吸毒成瘾人员自身可利用资源，提供链接戒毒医疗、就学、职业指导和技能培训、社会救助及保障等资源的服务。

（4）使能者：提供促进服务对象的自我修复和适应力提升的服务。禁毒社会工作者采用专业工作方法，充分赋权，开展戒毒人员的教育矫正、心理矫治，培养自我修复能力，挖掘潜能，实现助人自助。

（5）监督者：监督吸毒戒毒人员的药物治疗和戒毒协议履行；在自愿戒毒、社区戒毒（康复）、强制隔离戒毒等环节协助政府职能部门发挥日常管理、戒毒康复、信息反馈等职能，致力于政策与制度的优化，保障吸毒戒毒人员的合法权益。

（二）禁毒社会工作者的专业知识与能力

（1）专业知识。禁毒社会工作者必须具备毒品常识、禁毒措施、吸毒成瘾性分析、戒断反应、预防复吸等禁毒方面的知识。除了社会工作者惯常要具备的知识外，禁毒社会工作者还需掌握医学、心理学、社会学、社会保障和社会福利学、公共管理学等多学科知识。

（2）服务协同能力。从吸毒戒毒人员的多元化需求及禁毒工作的系统性特征出发，禁毒社会工作者需要具备服务协同能力。从服务需求以及禁毒工作的系统性出发，禁毒社会工作助人系统应该包括服务对象系统、政府行政系统、社会工作服务系统、社会资源系统、社区工作系统、强制戒毒及医疗系统等。建立禁毒社会工作服务协同机制是开展禁毒社会工作服务的现实要求，主要包括：建立禁毒社会工作者与禁毒志愿者服务协同机制；建立禁毒社会工作者与禁毒民警、医务工作者、心理卫生工作者、政府社会保障服务提供者、网格员及其他禁毒社会力量的服务协同机制；建立禁毒社会工作者与其他场所和领域社会工作者服务协同机制；针对吸毒人员不同阶段、不同类型的服务需求开展信息共享、服务转介与服务合作，不断健全完善吸毒人员的服务网络，推动实现禁毒社会工作服务的精准衔接、无缝覆盖[①]。

[①] 费梅苹：《打造一支具有专业素养的禁毒社会工作者队伍》，《中国社会工作》，2018年第25期，第22~23页。

第四章 禁毒社会工作理论及实务模式

禁毒社会工作实务的开展需要科学理论指导。本章介绍禁毒社会工作中常用的马斯洛需要层次理论、舒茨的人际需要理论、社会支持系统理论、社会学习理论、优势视角理论等,为禁毒社会工作的开展提供理论指导。同时,本章介绍了我国禁毒社会工作的一些实务运作模式,以期对禁毒社会工作实务的开展提供指导。

第一节 禁毒社会工作理论

经典社会学和心理学理论很多,本节所选取的相关理论在禁毒社会工作中运用较多,影响广泛。

一、马斯洛需要层次理论

马斯洛需要层次理论由美国心理学家亚伯拉罕·马斯洛于1943年在《人类激励理论》一文中发表,亦称"基本需要层次理论",是行为科学的重要理论之一。

马斯洛将人的正常需要分为五种:生理需要、安全需要、爱和归属需要、受尊重需要、自我实现需要。

生理需要,包括食物、水、空气、睡眠、性的需要等。它们在人的需要中最重要,最有力量。无论是制贩毒还是吸毒成瘾,主要的原因是生理需要。制贩毒将毒品作为生存资料,牟取暴利而不顾社会危害;吸毒成瘾人员认为吸毒后能够提神醒脑、抗疲劳、提高性能力、激发灵感等,现实是吸一次伤一次,最终走向生理崩溃。

安全需要，即人类对稳定、安全、受到保护、有秩序、能免除恐惧和焦虑等的需要。当毒品的危害被广泛认知、社会严厉打击毒品违法犯罪时，人们的安全需要能够一定限度制约生理需要，形成"脱毒"，这也是禁毒工作最常规的手段。

爱和归属的需要，即希望与其他人建立感情的联系或关系的需要。很多吸毒成瘾人员长期缺失爱和归属感，缺少家庭和社会角色，感到空虚寂寞而沾染毒品，因此恢复家庭社会支持系统是戒毒的必备措施。

受尊重和自我实现的需要：受尊重是指尊重自己和对他人的尊重；自我实现是指追求实现自己的能力或者潜能，并使之完善。二者属于高级需要，不是每个人生存必需，也不属于制贩毒和吸毒成瘾的诱因。但在戒毒和康复过程中，这种高级需要能够激发潜能，提升内在动力，增强戒断动机。

五种需要从基本到高级，逐级递升，对吸毒成瘾的影响力递减，戒毒动机递增。当前一种需要满足后，驱动力就会减弱，后面的需要才能更好地发挥激励作用。

二、舒茨的人际需要理论

社会心理学家舒茨提出人际需要的三维理论。每一个个体在人际互动过程中，都有三种基本的需要，即包容需要、支配需要和情感需要。这三种基本的人际需要决定了个体在人际交往中的行为，以及如何描述、解释和预测他人行为。人是社会化动物，不仅要满足生理需要，也要满足包容需要、支配需要和情感需要。

包容需要，指个体希望与别人接触、交往并建立和维持和谐关系的需要。由这一需要激发的人际交往的主动取向表现为主动与人交往，积极参与社会生活，被动取向表现为退缩、孤立、期待他人的接纳。支配需要，是指个体控制他人或者被他人控制的需要。该需要激发的人际交往的主动取向表现为喜欢运用权力影响及控制他人，被动取向表现为期待他人引导和支配，愿意追随他人。情感需要，是指在感情上与别人建立和维持亲密联系的需要。该需要激发的人际交往的主动取向表现为对他人表现出友善、喜爱、同情和亲密等，被动取向的表现为冷漠、期待他人对自己表现亲密。

这三种基本的需求是人类成长的关键，必须同时被满足。任何一种需要不能得到满足都会造成个体心理上的创伤，而这种未能满足的需要可能就会在虚拟的网络世界中寻找。

吸毒人员或多或少存在家庭和社会支持系统缺失，被迫寻找替代环境，当面对制贩毒人员引诱和不良朋辈的鼓励时，环境的融入满足了三者需要，找到了"存在感"，毒品成了主要交流媒介，欲罢不能。因而，戒毒康复需要加强人际互动，促进戒毒人员重获包容、情感满足，自我支配、自我决定、自我追求，恢复家庭社会功能。

三、社会支持系统理论

社会支持系统理论认为，每个人都处于社会关系之中，无法自绝于社会而存在。社会支持是由社区、社会网络和亲密伙伴所提供的感知的和实际的工具性或表达性支持。社会支持系统是指个人与家庭、个人与社会在不断地互动中，个人得以维持多种家庭社会角色，获得生理心理支持、获取社会资源，价值被认可的立体结构。

从社会支持的内容维度，可将社会支持分为工具性支持和表达性支持。工具性支持包括引导、协助、有形支持与解决问题的行动等，表达性支持包括心理支持、情绪支持、自尊支持、情感支持、认可等。

从社会支持的来源维度，可将社会支持分为正式的社会支持和非正式的社会支持。正式的社会支持是指社会的正式组织如政府、慈善组织等给予的支持，非正式的社会支持是来自亲友、邻里、同事等人际互助网络的支持。

影响社会支持程度的因素如下：

（1）发展因素。个人对关系的观感是个人的内在特质和外在环境交互作用的结果，关键的问题在于过去的经验如何影响其今后的社会生活。

（2）个人因素，指个人的人格、自尊程度、社会性和控制场域等。

（3）环境因素（开放/封闭）。可以通过丰富社会支持网络的成员、整合社会支持网络的资源、发挥社会支持网络的功能等途径去构建社会支持系统。

一般而言，个人所拥有的社会支持系统越强大，就能够越好地应对各种来自环境的挑战。当面临毒品诱惑时，个人的支持系统越健全，抗感性和抵御力就越强；反之，越易沾染毒品并吸毒成瘾。吸毒成瘾人员的社会支持系统往往是不健全甚至是缺失的，社会工作者要致力于给他们提供必要的救助，帮助他们整合扩大社会资源，助力其构建包括家庭、单位、学校、社区以及志愿者等在内的社会支持网络，提供情感的、物质的以及就业或择业等方面的帮助，提高其利用社会支持系统的能力，帮助其抵御毒品的侵袭。

四、社会学习理论

人类行为是由个人的认知、行为与环境因素三者及其交互作用产生的，行为受个人如何看待他人、看待事件和看待世界的影响。观察和模仿是学习的重要途径，个人作为旁观者，可以从观察他人行为中学习，可以通过符号来理解他人行为，并通过抽象模型向他人学习行为的原则。社会学习由四个阶段组成：注意阶段，个体观察他人行为并理解其内在意义；保持阶段，个体将被观察到的行为转化为象征符号，并将其保存在记忆中；再现阶段，记忆中的行为和观念将会体现在个体的行为和观念中；动机阶段，个体将在适合场景下愿意表现出习得行为。根据社会学习理论，当人们有动机、有能力处理获得的信息，并在此过程中得到正面的认知和情感反应时，他们在行为和态度上的变化将是持久的；一旦态度发生改变，新的社会技能和自我效能也会随之改变[①]。

从吸毒的角度看，一些初期吸食毒品的人员接触的毒品被包装上各种外衣，因此并不知道这是毒品，观察别人吸食带来快感不断被诱惑，短时间又看不出危害，于是就模仿吸食，一旦沾染上毒品就不能自拔。这也是必须全面开展禁毒宣传的原因。

从戒毒的角度看，戒毒难在吸毒者缺乏自我效能感。所谓自我效能感是指个体对自己能否在一定水平上完成某一活动所具有的能力判断、信念或主体自我把握与感受，可称作"自我信念"，也就是吸毒人员通常所说的"我能控制""我不会上瘾"。成功的经验可以提高自我效能感，使个体对自己的能力充满信心；反之，多次的失败会降低对自己能力的评估，使人丧失信心。对于吸毒人员而言，吸毒带来的抑制和兴奋作用越明显，成瘾者越是依赖，越难戒断；而疼痛、乏力、精神障碍越明显，恐惧力便开始抑制依赖性，要么增加药量，要么出现"戒断综合征"。

五、优势视角理论

"优势视角"是认为所有人都具有内在的学习、成长和改变的能力。

优势视角理论认为，人是可以改变的，每个人都有尊严和价值，都应该得

[①] 顾东辉、童红梅、朱燕敏等：《远离毒品：青少年禁毒的社会工作干预》，《社会》，2004年第12期，第43页。

到尊重。戒毒康复的前提，是吸毒成瘾者能够提高自我认知水平、分析吸毒的成因、做出客观的自我评价、构建社会支持系统、发挥自身的优势势能，靠自己摆脱毒瘾、解决生活困难，恢复社会功能。

抗逆力是优势视角的理论核心，是个人面对逆境时能够理性地做出建设性、正向的选择的能力。每个人都有自己解决问题的力量与资源，并具有在困难环境中生存下来的抗逆力。抗逆力可以通过学习而获得并且不断增强。吸毒成瘾者具有抗逆力，能够在外力的帮助下，得到正向的连接关系、坚定清晰的规范、关怀支持的环境、积极合理的期望、有意义的参与机会，实现自我改变和成长。

社会工作助人实践过程中关注的焦点应该是吸毒成瘾人员及其所在的环境中的优势和资源，而非吸毒成瘾的过程和结果。社会工作者在客观地评估问题、正视问题及困难的情况下，注重发现戒毒者及其家庭的优势和潜能，以便从此点出发来介入。

第二节　我国禁毒社会工作的实务模式

我国禁毒社会工作发展的历史虽不长，但在政府主导推动、社会多方参与下，开展了有效的专业服务，形成了具有中国特色的禁毒社会工作实务模式。

一、"充权使能模式"：以深圳南山区戒毒所为例[①]

在深圳南山区的戒毒所中，因较多采用传统的"强制戒毒与劳教戒毒相结合"的"司法控制模式"，在思维逻辑上过分突显出了"问题取向""机构化""矫正""失能""依赖"等操作性概念。如此，戒毒人员的人身自由受到限制，其日常生活、劳动康复、思想教育康复等均在公安与管教的严密监视下进行，并且戒毒所内也运用严格的军事化管理对戒毒人员进行再社会化教育。2012年，深圳市温馨社工服务中心派驻一线社会工作者进驻南山区戒毒所。为了平

---

① 李晓凤、马瑞民：《我国戒毒社会工作的发展历史及实务运作模式初探》，《社会工作与管理》，2014年第4期，第7页。

衡司法控制下"矫正取向"的戒毒理念与方法，社会工作者采用了"充权使能模式"提供服务，即着重突显戒毒人员本身的"增能""优势资源的连接""抗逆力"等主体价值的意义，其思维逻辑传达了"需求取向""除罪化""优势""复建""发展""自立""增能"等操作性概念。在"充权使能模式"的指导下，社会工作者对戒毒人员提供了心理治疗、认知改变、资源支持等一系列服务，开展了许多康复娱乐活动，如新年愿望、心理治疗的沙盘游戏等，并呼吁保护戒毒人员的合法权益，强调道德关怀在促进戒毒人员新生中的重要作用。由此，社会工作者的进驻，赢得了戒毒人员的极大欢迎。社会工作者也在帮助戒毒人员戒毒过程中培养了戒毒人员的自信心、权力意识与能力，以此协助他们彻底脱瘾。

二、"综合健康医学模式"：以深圳市罗湖区美沙酮门诊为例[①]

美沙酮是治疗毒瘾的替代药物，是当前生物医学治疗方式的主要手段，但美沙酮也具有成瘾性，长期服用对身体会产生不良影响，同时美沙酮门诊的医生并不支持吸毒人员戒掉美沙酮。2013年，深圳社工开始进驻罗湖区美沙酮门诊轮流值班，其主要职能是帮助门诊部的戒毒人员在服用美沙酮之时不再服用杜冷丁、吗啡等毒品。为了更好地协助戒毒人员彻底戒毒，美沙酮门诊的社工开始运用"综合健康医学模式"提供禁毒社工服务。在这里，"综合健康医学模式"主要是依据生物—心理—社会医学模式的健康理念，对影响健康的各种因素进行综合分析，构建全面的健康观，把生命视为一个开放系统，通过与周围环境的相互作用及系统内部的调控来决定健康的状况。社会工作者将"综合健康医学模式"运用于美沙酮门诊戒毒，十分重视戒毒人员生理、心理、社会层面的影响因素，并为戒毒人员提供了生理戒毒、心理戒毒及"社会无缝连接"计划，如为戒毒人员提供心理治疗，帮助其恢复与重建社会功能，从而促使戒毒人员逐步脱离毒品及替代药品。

[①] 李晓凤、马瑞民：《我国戒毒社会工作的发展历史及实务运作模式初探》，《社会工作与管理》，2014年第4期，第8页。

三、"社区戒毒与康复模式":以广州荔湾区海龙街社区矫正项目为例[①]

2011年,有关部门在广州荔湾区海龙街率先拉开了政府购买社区矫正项目试点,并尝试运用禁毒社会工作理念与方法开展社区戒毒与社区康复探索。2011年2月,广州大同机构的社工进驻海龙街后,先后与街道综治办、司法所、社区民警、美沙酮治疗点、民政科等合作,通过外展、家访、电话、部门沟通、个案会诊、社区教育等多种途径,展开了一系列的社区戒毒与康复服务。服务包括:深入戒毒人员家中开展入户调查,了解动态信息;普及戒毒教育,推广受益人群;介入戒毒人员的家庭危机事件,改变家庭不稳定性因素;调动家庭的积极因素,编织戒毒人员的家庭支持网络;家访与个案双管齐下,促进戒毒人员彻底戒毒;整合资源,采取"激化就业动机+过渡性就业+完全就业"策略,引导戒毒人员就业;紧密开展药物维持治疗工作;等等。其服务效果十分显著。由此,社工可以帮助戒毒人员彻底戒毒,重返社会及回归正常的生活。

四、"心理社会康复模式":以点点青少年药物成瘾关爱中心为例[②]

"点点青少年药物成瘾关爱中心"(简称"点点")是全国首家青少年药物成瘾关爱公益机构。自从成立以来,"点点"在参考国外的TC戒毒模式之后,以"康复岛"的方式,采用"心理社会康复模式"致力于对药物成瘾青少年的关爱和防治。在对成瘾者的治疗与康复方面,社工利用精神医学、行为科学、社会学和心理学等学科的知识及原理,注重运用个体治疗法、人本主义治疗法、动机强化法、动机式晤谈法及行为强化治疗法等心理社会康复方法,并充分调动患者(即戒毒人员)、家属及医护人员的潜能,帮助患者达到身心康复的目的。

---

① 李晓凤、马瑞民:《我国戒毒社会工作的发展历史及实务运作模式初探》,《社会工作与管理》,2014年第4期,第8页。
② 李晓凤、马瑞民:《我国戒毒社会工作的发展历史及实务运作模式初探》,《社会工作与管理》,2014年第4期,第8页。

五、"魔方模式":以深圳市温馨社工服务中心为例①

深圳市温馨社工服务中心通过戒毒社工的反复实践,总结了在多元生活空间介入的、具有整合意义的"魔方模式",如图 4-1 所示。在生态系统理论的指导下,"魔方模式"综合了"社区服务""家庭服务""学校服务""美沙酮服务""无缝接轨服务"五大方法,通过五个方面的互动,来促进环境和个人的改变。同时,针对药物滥用的情景,"魔方模式"将三级预防按照基层、中层、深层划分。其中,基层预防指通过宣传等方式,在社会大面积进行浅层次的禁毒宣传,以改变社会的整体环境;中层预防指针对社会高危人群,如滥药行为高发地区的群体、遭受毒品间接危害严重的人群进行预防干预,阻止其进一步受到毒品的危害;深层预防指针对毒品滥用者及其家庭开展的工作,借此预防毒品危害的不断深入。简言之,该模式基于生态系统理论从多层次、多方向来开展戒毒社会工作,增强了服务的计划性和延展性,也能深入地帮助戒毒者成功戒毒。

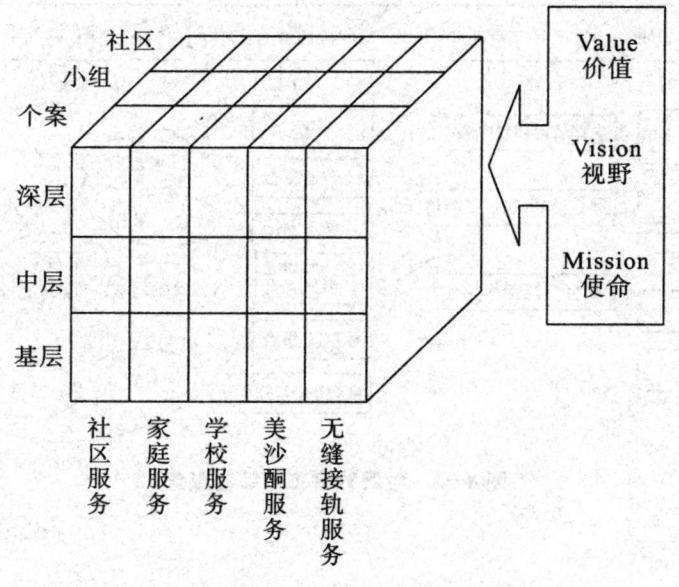

图 4-1 "魔方模式"

---

① 李晓凤、马瑞民:《我国戒毒社会工作的发展历史及实务运作模式初探》,《社会工作与管理》,2014 年第 4 期,第 8 页。

六、生态系统理论视角下"戒毒社会工作的社区综合发展模式"[①]

戒毒社会工作的社区综合发展模式即以"政府支持、司法配合、社工整合、NGO 运作、社会支持、家庭协助"的运作方式，从生理脱毒、心理脱毒、社会功能恢复、回归社会等角度出发，搭建由戒毒所、美沙酮门诊、康复院、中途岛、社区等组成的"跨界别合作"与一站式的戒毒平台，并在充分整合资源中环环相扣地帮助吸毒人员彻底戒断，如图 4-2 所示。这种戒毒社会工作的社区综合发展模式需要一定数量的戒毒机构，采取彼此平等与合作方式，通过 2～3 年的行动研究实践，有计划地将吸毒人员置于社工主导的整合性服务链之中。此外，在搭建这种社区综合服务平台时，应尽力克服"功利主义"思想，采用缓和式培养与渐进式购买方式，来面对戒毒社工的专业实务能力不足与禁毒机构认知度不足的双重困境，从而逐步帮助吸毒人员从生理戒毒、心理戒毒到回归社会的无缝接轨。

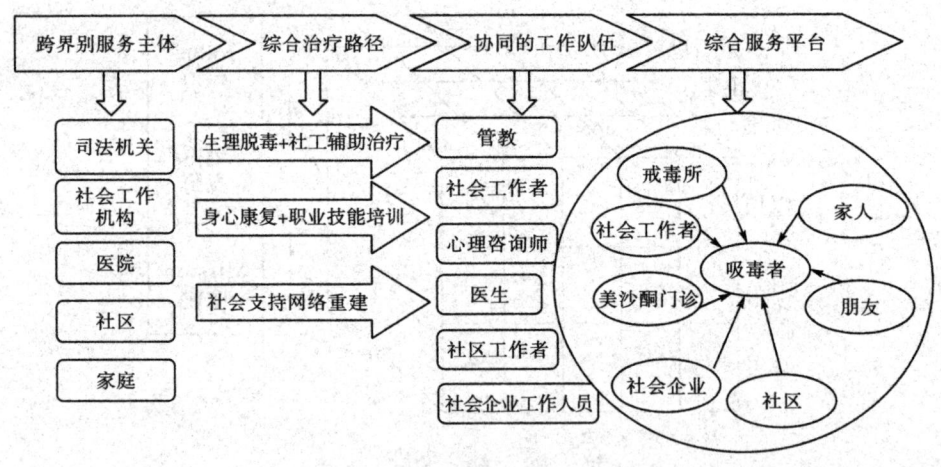

图 4-2 禁毒社会工作综合服务

[①] 李晓凤、马瑞民：《我国戒毒社会工作的发展历史及实务运作模式初探》，《社会工作与管理》，2014 年第 4 期，第 9 页。

第五章 禁毒社会工作方法

本章介绍禁毒社会工作三种常用的直接服务方法，即个案社会工作、小组社会工作、社区社会工作。实践中，三种工作方法相辅相成，需要综合运用。

第一节 个案社会工作

本节从个案社会工作的定义、个案社会工作专业关系的特点、个案社会工作的模式、个案社会工作的程序等方面，结合禁毒社会工作进行介绍；结合案例重点介绍了笔者自创的禁毒个案社会工作法之"益强治疗模式"，可供禁毒社会工作的个案社会工作参考。

一、个案社会工作的定义

个案社会工作是将禁毒专业知识与个案社会工作方法相结合，助力吸毒人员及其家庭扶危解困、整合资源、挖掘潜能、自我修复、提高社会适应能力、恢复社会功能的过程。

二、个案社会工作专业关系的特点

（一）禁毒社会工作是一种专业性服务

社会工作者应当秉持职业操守，允许服务对象自我表达、倾诉，承认吸毒人员尊严与价值，摒弃非理性信念，平等接纳他们，才能作出客观准确评估。

服务期间保持工作而非私人关系。

（二）明确双方的权利与义务

约定服务目标、期限、内容及转介的可能，不对吸毒人员及家庭进行谴责、批判、歧视，对个人隐私及治疗内容要保密。

（三）共同坚守法律底线

工作对象在戒毒康复的各个环节，都带有"违法者"的属性，社工要引导他们遵纪守法，一旦有危害家庭、社会情况要及时报告、救援，如有违法犯罪行为必须向公安机关报告。

三、个案社会工作的模式

（一）危机介入模式

1. 危机介入的含义

危机介入指当服务对象（吸毒人员及家庭）处于危机状态时开展相适应的调适和治疗的工作方法，通过提供风险评估、情绪疏导、资源链接等服务，协助服务对象处理危机中的无助感受，提升其解决问题及应对危机的能力，从而协助其渡过危机情境，预防更多危害的产生。

在禁毒个案跟进过程中常见的危机事件包括服务对象复吸、自杀行为、感染传染性疾病、因病身故等。为此，禁毒社会工作者要善于识别并及时处理危机，将危机转化为服务发展变化的契机。

2. 危机介入的工作方法

（1）紧急介入。迅速开展风险评估，分析服务对象能否自主解决危机和是否具备解决危机的能力，坚持时效性和生命至上原则。

（2）限定目标。最低目标是保障服务对象生命安全和健康，提升抗逆力，直至培养出服务对象自主解决危机的能力。

（3）输入希望。让服务对象感受到家庭和社会的关爱，树立脱离困境的信心，找到解决危机的办法。

（4）提供支持。提供社会救助，整合家庭社会资源，引导家庭自决。

(5) 培养自主能力。当问题反复出现和产生新变化时,服务对象自己要有应对准备和能力。

(6) 恢复自尊。树立解决危机的信念和信心,促进自我修复。

3. 适用范围

(1) 吸毒人员处于戒断综合征、急性生理脱毒、复吸状态时。

(2) 吸毒人员戒毒康复期间,家庭其他成员遭遇生活困难或生命危险时。

(二) 心理社会治疗模式

1. 心理社会治疗模式的含义

心理社会治疗是指结合精神分析、社会角色和环境互动理论,通过分析吸毒人员成瘾的内在心理结构、外部社会环境等因素,不断改善和调整其心理结构、寻找可依赖环境,以达到个体内在、外在相适应状态的方法。

2. 心理社会治疗的工作方法

(1) 心理社会研究。通过以下途径开展:会谈、资料收集整理;分析吸毒经历,帮助服务对象开展自我评价;协助服务对象自我发现问题症结,接纳自己。

(2) 诊断评估。主要内容如下:诊断焦虑冲突程度,是本我还是自我为人格主导,心理是意识还是潜意识状态;诊断吸毒如何产生以及成瘾过程;诊断成瘾的生理、心理和社会因素;评估戒断及自我修复的能力。

(3) 治疗。通过以下方法开展:客观分析吸毒成瘾原因,降低服务对象的焦虑和自责;改善或脱离不良的家庭和社会环境;不同情境下心理结构调适(调整本我与自我的主导地位),增强自我与家庭社会环境适应能力;激发潜力;开展广泛人际交往,重塑社会角色。

3. 适用范围

(1) 自愿戒毒人群。

(2) 青少年吸毒人群。

(3) 处于戒毒康复期间的症状轻微的吸毒人员。

(三) 家庭治疗模式

1. 家庭治疗模式的含义

家庭治疗模式是将家庭视为一个有机整体的治疗对象，探索吸毒人员成瘾背后的家庭根源，通过互动方式的改变和家庭结构的优化来实现家庭良性互动、成员的增能赋权的方法。

家庭治疗理论认为，家庭成员的相互作用决定了家庭的结构，家庭结构的变化又决定了每个家庭成员的角色；家庭中的所有成员彼此之间相互影响、相互依赖，有明确的成员角色和责任分工。

2. 家庭治疗的工作方法

（1）分析家庭系统。家庭问题的实质是家庭结构出了问题，常见的家庭病态结构主要有家庭结构失衡、家庭角色错位、家庭责任不明、家庭权力混乱等。

（2）探寻家庭问题根源。因为不良家庭结构的形成都是有害内外因素相互作用的结果，需要正确接纳并理解家庭规则、探究各成员左右现有家庭结构的程度。

（3）引导家庭成员改变错误认知。一个家庭出现吸毒人员时，通常家庭主流观点认为是个人的行为或者不良的外部环境所导致，而不承认个人拒毒、防毒、抗毒的能力缺乏源于家庭教育监管的缺失；吸毒成瘾后，家庭教育矫正手段有限，家属人财两空、心力交瘁，逐渐对吸毒成员标签化，又不能挖掘他们的优势势能来抑制复吸，认为家庭已经尽力了，再下去只会拖垮家庭，于是对他们放任自流。

（4）促进家庭结构改善。真实对话，打破现有不良家庭结构；帮助家庭从内部开始对吸毒人员去标签化，彼此接纳，找出脱离社会规范的家庭内因，承认各自角色的缺失；相互指出对其他家庭成员角色的期望；共同订立新的家庭规范，明确每个角色的权利与义务。

3. 适用范围

（1）社区戒毒（康复）期间。

（2）强制隔离戒毒的出所帮教阶段。

(四)认知行为治疗模式

1. 认知行为治疗模式的含义

认知行为治疗是通过认知和行为技术改变吸毒成瘾人员的不良认知,帮助在戒毒过程中存在不良情绪、错误认知等的服务对象建立健康的生活态度和信念,从而矫正其在戒毒康复中遇到的适应不良情绪或者行为问题,更好地维持其戒毒操守,不断巩固戒毒康复成效,形成良性循环。

2. 认知行为治疗的工作方法

(1) 心理矫治。大多数吸毒成瘾人员长期聚集在脱离社会价值体系的群体中,形成了逆社会行为,又称"人格障碍",需要帮助他们改变对吸毒的错误认知、不承认成瘾事实、本我意识等非理性信念,强化人际沟通、情绪管理、解决问题的能力。

(2) 系统脱敏法。系统脱敏法是指通过毒品危害教育,让吸毒成瘾人员感受吸毒过程中的敏感、担忧、害怕、恐惧,从低层次开始逐步深入,持续增加危害记忆,削减对毒品的渴望,形成自身处境的理性认知的方法。

(3) 满灌疗法。满灌疗法又称快速脱敏法,是指通过危机介入行动和极端案例分析,让吸毒成瘾人员直面最恐惧的情境,毫无征兆地感受高危情境,激发强烈的抗逆力的方法。比如反复体验急性戒断综合征状态、直面具有暴力倾向的精神分裂症人员。

(4) 厌恶疗法。让吸毒成瘾人员的不适应行为与某种厌恶性反应建立条件反射,一旦准备复吸就会产生令其厌恶的生理或心理反应,最终放弃不适应行为的过程。比如强制隔离期间的家庭重大变故、"毒友圈"朋友的暴毙等。

(5) 示范和模仿。其他吸毒成瘾人员的现身说法或成功戒断案例,让吸毒成瘾人员从中总结经验,吸取教训,增强戒毒信心。

3. 适用范围

(1) 自愿戒毒人员。
(2) 社区戒毒(康复)人员。
(3) 强制隔离戒毒人员。

四、个案社会工作的程序

（一）接案和转介

（1）了解吸毒人员及家属的问题和需要、救助意愿等，或因存在危机必须开展救援。

（2）向他们介绍机构职能和服务内容，就目标能否达成一致进行商定。

（3）初步评估能否接案。

（4）签订协议，明确权利与义务并协调一致。

（5）注意识别服务对象，超出服务范围的应当转介。吸毒人员由于长期吸食毒品，其身体及心理均有可能出现病变。对此，社会工作者在接案时需要妥善评估服务对象的生理和心理状况，并确定是否在禁毒社会工作的服务范围之内，必要时可提供转介服务。

（二）预估

（1）收集资料。采用面谈、观察、走访、问卷调查等方法，收集吸毒人员及家庭基本情况、吸毒史、帮教史、现实危机、优势资源等内容。

（2）综合分析。分析吸毒人员的家庭结构、社会支持系统、抗逆力、优势势能等。

（3）诊断。诊断吸毒人员的吸毒动机、成瘾性因素、适用的戒断（防复吸）方法等。

（三）制订计划

1. 目标设定

目标的设定要体现出个别化、时效性、内化作用。

（1）总体目标：心理矫治、行为矫正、自我修复、再社会化。

（2）阶段性目标：吸毒人员行为改变分为六个阶段，分别是懵懂期、沉思期、决定期、行动期、维持期和复发期。禁毒社会工作者应根据吸毒人员所处的不同阶段进行需求分析，进而制定危机干预、生理脱毒、身体康复、亲情修复、家庭整合、就学就业等介入目标。

2. 介入方式

介入方式包括志愿加入、社区召集、危机干预、强制执行。

3. 治疗模式

在督导小组的综合评估下，根据吸毒人员特征、成瘾原因、社会支持系统等，确定相适应的治疗模式、周期、过程控制，不断反馈并适时调整。

4. 社会工作者的角色

确定不同阶段扮演的角色，发挥引导、对质、鼓励等作用。

（四）服务实施

1. 介入初期

社工角色定位：咨询者、支持者等。
吸毒人员及家庭出现危机或因戒毒康复需要而主动求援，易建立平等合作关系；被迫接受援助和治疗的个人及家属出于隐私和下意识自我保护，不愿意接受帮助，需要"破冰"。
措施如下：
（1）接纳。坚持非批判、保密原则，选择非公开场合交流，有家属委托或信任媒介最好。
（2）共情。向服务对象提供心理支持和情感关怀，认同其优势价值。
（3）澄清问题。分析现实处境和可利用资源，理性界定个人及家属需要。
（4）职业操守。途径是增能赋权而非干预，促使案主自决。

2. 介入中期

社工角色：协调者、使能者等。
生理脱毒、身体康复、就学就业等目标逐步实现，亲情修复、家庭整合等目标不断深化，相互促进；吸毒人员与家属产生冲突而丧失信心，导致服务对象或家属不良情绪转移至社会工作者，要求中断联系，无法坚持、自我否定。
措施如下：
（1）情绪转移。回顾初衷，分析影响进程的因素，获得更多情感支持。
（2）明确立场。尊重案主自决，履行义务的必要性。

(3) 创造需要。注入危机情境，拓展新的动力。
(4) 强调法定。明确社区戒毒（康复）执行的法定性。

3. 介入后期

社工角色：监督者等。

阶段性目标完成，总体目标可能实现；也会面临利益受损而导致不可持续，未达到案主或家属预期等情况。

措施如下：

(1) 反思。服务中是否注入非理性信念、超越社工职责权限，是否干预家庭自决，甚至泄露隐私。
(2) 修正。检验辅导治疗、过程控制是否有效，是否按计划周期实施，是否未完成阶段性目标而直奔总体目标。
(3) 巩固。拓展医疗救助资源，提升自适应水平。

（五）服务评估

1. 评估内容

(1) 吸毒人员及家属是否解困，适应力是进步还是倒退。
(2) 阶段性目标是否实现，总体目标的实现程度。
(3) 资源投入及社会影响。

2. 评估方法

(1) 服务对象评估，包括扶危解困、亲情修复、家庭整合、就学就业。
(2) 执行机构评估，包括生理脱毒、身体康复、心理矫治、行为矫正。
(3) 社会评估，包括社会参与度、社会价值认同度等。

（六）结案

(1) 回顾个案过程、总结经验、强化戒毒动机，做好结案的心理准备。
(2) 个案工作资料的整理与归档。
(3) 保证隐私前提下征得服务对象同意后作为案例，发挥示范作用。

五、禁毒个案社会工作法之"益强治疗模式"

(一)"益强治疗模式"概述

2014年至2021年,笔者通过对1.5万余名戒毒康复人员的吸毒方式、成瘾原因、成瘾程度等因素开展结构化分析,进行分类归因;向其中748名戒毒康复人员提供个人调适、家庭治疗、社会融入等治疗方案,优化过程控制;经三维一体化评估,戒毒康复人员戒断率达93.7%。

在此基础上,总结出以笔者姓名命名的"益强治疗模式",即通过调查分析吸毒人员的家庭社会角色、吸毒诱因,结合"四步评估法",评估受损程度,采取相应的抗逆力培养方案,实现戒毒康复、功能恢复、社会适应力提升的效果。

(二)通用治疗过程

"益强治疗模式"的治疗过程分为分析—评估—治疗三个阶段,如图5-1所示。

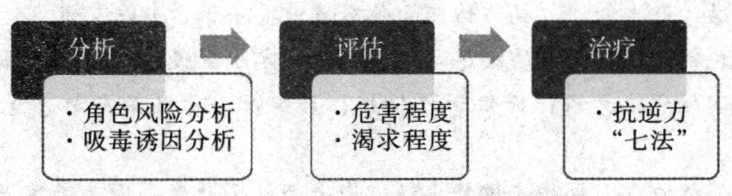

图5-1 "益强治疗模式"的治疗过程

1. 分析阶段

其一,分析角色风险。在无业人员、涉黄涉赌人员、青少年、药物依赖人员、高强度持续作业人员、文艺工作者这些类别中,角色越多吸毒风险越高。

其二,分析吸毒诱因。吸毒诱因主要有以下几类:止痛、提神、减肥,满足好奇心、寻求刺激、缓解压力、缺乏爱与归属感、教育失当,价值观偏离、不良朋辈影响、经济利益驱使。

2. 评估阶段

其一,评估危害程度。身体残疾、心理扭曲或丧失人格、言行异常失控、传染疾病高发，道德沦丧、家庭资源流失、影响后代，社会资源及财富损失、滋生违法犯罪、贫民弱国。

其二，评估渴求程度。生理渴求，有害使用，功能损害，戒断反应。

3. 治疗阶段

抗逆力培养：药物替代，降解毒瘾；树立法治观念，建立正确的价值导向；养成健康的生活习惯，改善不良生活圈；建立"厌毒"条件反射，培养抗逆力；整合家庭社会资源，健全社会支持系统；掌握就业谋生技能，增强社会适应能力；倡导社会融入，消除社会歧视。

【案例5-1："益强治疗模式"的治疗过程】

贾某某（以下简称小贾），男，32岁，未婚，吸食冰毒六年。运用"益强治疗模式"的治疗过程如下。

（一）接案

求援。2017年6月，小贾的父亲（以下简称老贾）向××社会工作服务中心求援，称小贾最近在家频繁吸食冰毒，已经连续3天没有睡觉，情绪暴躁，产生幻觉，扬言谁阻止他吸毒就要杀谁，包括父母。

预判。根据老贾的描述，机构初步判定小贾吸毒成瘾，必须介入，需及时实施危机干预，提供帮扶救援；否则，小贾及亲友都可能面临生命危险。

签订协议。机构安排禁毒社工谢老师接手此案。因为老贾是××县一位退休领导，在任时曾与机构有过接触，对机构的职能和谢老师的资历比较了解。所以，双方就服务内容及权利义务迅速达成一致。

（二）预估

调查。通过社区信息系统查询和老贾的介绍，谢老师了解到关于小贾的信息。小贾身体健康，无重大疾病，无犯罪前科；从小学四年级开始，因为父母工作繁忙没有时间照管，直到高中毕业一直在学校寄宿，2011年高中毕业到成都一酒店实习开始沾染上毒品。2015年老贾发现小贾有吸毒行为，安排他留学西班牙，不到一年小贾以不适应为由归国。2016年归国后，小贾一直在老贾创办的酒店任职副经理，负责后勤工作，多次挪用酒店公款用于吸毒、洗浴、赌博，金额已达16.4万元。

分析。小贾家境殷实，条件优越，没有同龄人普遍存在的经济压力；

小贾心智健全,应该有所作为,但实际情况却大相径庭。

诊断。谢老师来到小贾家家访时,小贾正在用手机赌博,毫不避讳,将谢老师当成老贾请来的心理医生,直接表示自己没病,也不用管他。谢老师递了支烟,单独在房间里跟小贾攀谈。谢老师语气平缓,没有说教,表示同情理解。因为在服务对象中也曾多次遇到小贾这种情况,家庭疏离,缺少关爱,家人总是批评过失,不停地打击自信,以至于在吸毒的道路上越走越远。小贾觉得终于有人能理解他的感受了,精神亢奋,侃侃而谈,将从小生活境遇和吸毒经历和盘托出。他认为,父母忙于工作,对他精神心理需要不管不顾,一味地用钱来维系亲情,他身边的朋友很多也是奔着他家的钱来的,长期陪他玩乐,引诱他走上了吸毒的道路,不能自拔。父母发现他吸毒后,开始还比较关心安慰、好言相劝,但没有具体有效的管教帮扶措施,见小贾戒不掉,逐渐表露出批评责难、恶语相向,让小贾倍受打击,情绪更加失落,不断通过"溜冰"来逃离这个世界。

谢老师诊断结果:

(1) 小贾具备无业、涉黄涉赌、青少年三种吸毒高风险角色;

(2) 因好奇、不良朋辈影响、寻求刺激、缓解压力而开始吸食毒品;

(3) 长期缺乏爱与归属感,父母教育失当;

(4) 已经处于价值观偏离,言行异常,渴求毒品意愿强烈,持续增量使用,丧失家庭社会功能等吸毒成瘾状态。

(三) 制订计划

目标设定:帮助小贾生理脱毒、身体康复、亲情修复、家庭整合、就学就业,帮助小贾心理矫治、行为矫正、自我修复、再社会化。

主要针对小贾的抗逆力培养,采取益强治疗模式。具体目标如下:

(1) 树立法治观念,确立正确的价值导向;

(2) 养成健康的生活习惯,改善不良生活圈;

(3) 整合家庭社会资源,健全社会支持系统;

(4) 掌握就业谋生技能,增强社会适应能力。

(四) 行动介入

1. 介入初期

接纳与共情。谢老师没有像父母一样批判他,而是与小贾平等对话,同情理解,让小贾感受到尊重、被认可,犹如抓住了救命稻草。小贾坦诚表示,自己毒瘾越来越大,情绪暴躁,亲人朋友都远离他,十分孤单,整日只能与毒品为伴,越陷越深。自己是知道毒品危害有多大,不想身体垮掉，不想一无是处，自己这么年轻，还有很多人生目标没有实现。

澄清问题。谢老师客观评价分析了小贾的吸毒成瘾程度，并如实告知他当前的风险，已经出现戒断反应，需要生理脱毒。同时表明，是否接受脱毒治疗、家庭修复、融入社会等目标均由小贾本人决定。

小贾表示，愿意接受谢老师的治疗，并积极配合，在协议上签字确认。谢老师提出为期半年的戒毒康复措施，需小贾严格执行，老贾做好监督，并每天通过微信反馈给谢老师。

(1) 规律作息：每天8点至18点上班，负责酒店前台接待业务，不得外出；19点至21点，父母陪伴健身或球类运动，康复身体；21点后回老贾家，不得外出。

(2) 社会参与。每周参加一次中心组织的禁毒宣传活动，作为志愿者向咨询者提供《中华人民共和国禁毒法》《戒毒条例》等政策讲解。

(3) 隔离。断绝"毒友圈"朋友的一切联系，必要往来需报谢老师同意。

(4) 亲情修复。小贾陪同父母工作，感受父母的生活压力，每周至少一次；周末时协调亲友，陪同小贾开车郊游露营，拓展人际交往。

(5) 发挥小贾西班牙语特长，每周六到成都市一家五星级酒店兼职翻译。

前两个月，治疗过程比较顺利，小贾及家属配合密切，实现了生理脱毒，身体逐渐康复；家庭关系得以缓和，沟通增多，相互理解，人际交往增多，家庭社会支持系统逐步完善；在禁毒公益和兼职过程中，小贾也发挥了优势势能，实现了社会价值，受到尊重，得到了价值认同。

2. 介入中期

第三个月，由于老贾出差，小贾母亲在监管上有所松懈，因此小贾有机会参加了一次朋友生日会，在朋友的软磨硬泡下，再次吸食了冰毒。第二天的例行尿检中被中心查获，按照约定，必须报公安机关，执行社区戒毒。

老贾十分气愤，认为小贾自我约束力太差，已经无药可救。谢老师开导说，吸食冰毒这么多年，期望小贾短时间戒断，靠自己控制复吸欲望十分艰难，因为戒毒康复是一个长期过程，需要循序渐进，逐步脱毒。

听了谢老师的见解，老贾表示，自己这么多年忙于工作，疏于对小贾的引导教育，家庭关系淡化，小贾之所以深染毒瘾父母有很大的责任。尽管过程艰难，目标遥远，就算让他倾家荡产，也要让小贾戒毒康复，毕竟他们就这一个儿子。

谢老师又对小贾做了深入的心理辅导,共同分析了这次复吸的原因;明确下一步治疗方向,建立"厌毒"高危情境,提升个人适应力,改善康复环境。

中心安排小贾参加了一个戒毒教育小组。在小组中,十多名有过强制隔离戒毒史的组员与小贾分享了过往经历,有成功也有失败,有康复也有残疾;采用"满贯疗法"和"厌恶疗法",分享了精神分裂和言行异常等几起极端戒毒案例,认识到长期吸毒可能造成的身体残疾和精神障碍;让小贾观看了强制隔离戒毒所规范化管理宣传片,使其感受到了强制隔离戒毒的威慑力量,深深地刺激到了小贾的"灵魂"。参加了五次小组活动,小贾与组员频繁互动,感同身受,认识到了毒品对自己的侵蚀,建立了必须戒毒的危机意识。

3. 介入后期

因执行社区戒毒,中心将小贾的治疗时间延长了三个月。在这三个月中,小贾规律作息,身体机能得以恢复;关心亲友,鼓励父亲加入了省书法协会,帮助表弟创办了"勇攀"登山社;脱离了原来的吸毒圈,通过健身运动、郊游、酒店业务建立了新的朋友圈,并开启了一段恋爱;专注于酒店业务,洽谈了几个网上预订平台,使酒店营业额超过去年同期38%……

(五)评估

老贾夫妇评估:小贾得到了有效的心理危机干预,能够融入家庭,亲情观念增强,事业发展稳定;亲友也转变了观念,开始接纳小贾;但小贾情绪控制能力弱,自我约束力一般。

社会工作服务中心评估:小贾身体机能已恢复到同龄人正常水平,社会支持系统比较健全,能够规划酒店发展、追寻自我实现,参加禁毒公益、融入社会;心理健康量评测试得分65分;但法治观、价值观不健全,巩固目前戒毒康复成效更依赖社会支持系统。

(六)结案

经社会工作服务中心评估小组、禁毒社会工作者谢老师、服务对象小贾及父母一致确认,此次个案工作,危机干预及时,治疗措施针对性强,治疗效果总体较好。虽然出现了复吸,但中心能够按照协议约定,帮扶救助、控制进程,发挥支持者、使能者、协调者等角色,使服务对象在戒毒康复、社会融入方面成效显著,避免了服务对象因吸毒危害家庭社会,同时保障了服务对象的合法权益。

按照协议,可以结束个案工作。中心将继续跟进小贾的心理矫治工作,提供心理咨询和小组活动。

【扩展阅读资料 5—1：上海市自强社会服务总社的个案社会工作服务】[①]

自强社会工作者运用心理辅导、个案管理、认知行为治疗、优势视角、危机干预、动机晤谈等社会工作方法,直接为戒毒康复人员提供个性化的帮教服务,帮助他们纠正认知行为错误,协调其与家庭和社会环境的关系,促使他们戒除毒瘾、恢复社会功能。

经过多年来的探索实践,自强总社制定规范了个案服务的工作流程：对被强制隔离戒毒的对象提供无缝衔接服务→社会工作者在充分了解服务对象基本情况后,与其进行接案面谈,建立起良好的帮教服务关系→对服务对象的心理、认知、情绪、行为、动机和长处、弱点等个人因素及其家庭、社区环境等外在因素进行综合分析,作出预估和制订服务计划→开展帮扶行动,对服务对象开展定期访谈、行为矫治、关心帮扶、带领检测等服务→由社会工作者对服务对象接受帮教服务、戒毒康复等综合情况进行评估,并结案。

第二节 小组社会工作

本节结合禁毒工作介绍了小组社会工作的定义、小组社会工作的功能、小组社会工作的模式、小组社会工作的过程,为小组社会工作在禁毒工作中的运用提供参考。

---

① 厉济民、陈慧：《上海 16 年禁毒专业化社会化之路》,《中国禁毒报》,2019 年 9 月 24 日第 1 版。

一、小组社会工作的定义

小组社会工作,也称为团体社会工作,是在社会工作者的组织下帮助吸毒成瘾人员及家属之间构建各种类型小组或团体,以促进人际互动,形成团体动力,达到与社会相适应的专业服务方法。

二、小组社会工作的功能

(一)互助解困

小组的成立,能够创建吸毒成瘾人员及家庭之间相互帮助、资源共享的情境。在这种情境中大家经历相似、社会角色相似、戒毒动机相似,能够形成一致的小组目标,相互之间更容易得到尊重和接纳,敞开心扉地倾诉和披露自我。在相互融入之后,获得归属感以及同伴信任,实现资源共享,获得解决困难的机会和能力。

(二)重塑自我

帮助吸毒成瘾人员在小组中重新定位角色,共享戒毒经验,参与小组发展,获得认同感,进而建立正确的价值理念,改变错误认知,强化戒毒动机,修复人际关系,等等。例如,成功戒毒人员成为领导者,引领吸毒成瘾人员模仿、学习、内化。

(三)健全社会支持系统

小组中的吸毒成瘾人员,大多因为缺乏社会支持(标签化、家庭系统缺失)而对自己所处的环境感到悲观、无助,而这个临时的社会共同体(含不良朋辈群体)的建立,更容易形成彼此认同,互相提供心理支持;随着小组目标达成一致,在正面价值观的引导下,小组成员潜移默化地相互作用,形成团体保护,为预防复吸、去社会标签提供内在动力,形成强有力的社会支持系统。

(四)再社会化

小组就是社会互动的基本场景,可以模拟即将进入的社区。在小组中开展广泛交流,自我披露、释放压力、相互支持,获得社会角色定位,寻找自己的社会价值，实现社会融入。

三、小组社会工作的模式

（一）互惠模式

1. 定义

互惠模式也称互动模式，是通过吸毒人员与小组内部人际关系的建立，形成组员之间、小组与社会环境的互动，促进组员在这个共同体的帮助下相互助力，解决现实困难，共度危机。

2. 小组形式

以支持小组为主要形式。

3. 工作方法

（1）尊重与接纳。通过开展小组游戏、脱困情境模拟、聚焦焦点问题等方法，鼓励组员敞开心扉地倾诉和自我披露。

（2）相互评价。坚持非批判原则，肯定组员吸毒成瘾的客观事实，促进自我评价形成，肯定其他组员的优势和修复潜力，融入小组文化。

（3）平等互惠。形成小组结构后，整合小组资源，帮助组员扶危解困，培养自我修复和适应能力。

（二）治疗模式

1. 定义

治疗模式，是指通过心理辅导、脱毒治疗、教育矫正等方法，帮助吸毒成瘾人员走出生理心理困境，建立正确戒毒信念，促进行为改变的过程。

2. 小组形式

以治疗小组、教育小组为代表。

3. 工作方法

（1）强化戒毒动机。通过心理矫治、危机教育等方法，不断让吸毒人员认清毒品的作用机制和危害,做好应对高危情境的准备;建立对毒品"恶心""厌恶"的条件反射,不断强化刺激,增强防毒拒毒的信念。

(2) 坚持脱毒治疗。运用小组构建的机制,鼓励组员自觉接受脱毒治疗,相互监督,持之以恒,预防复吸。

(3) 学习社会规范。开展多种教育,促进吸毒成瘾人员提升认知水平,树立法治观念,建立正确的价值观,改善不良生活圈,承担家庭角色,巩固亲情以获得爱与归属感。

(三) 发展模式

1. 定义

发展模式,是指吸毒成瘾人员通过身体机能的恢复、个人能力的修复,提升社会适应能力、恢复社会功能的过程。

2. 小组形式

以成长小组为代表。

3. 工作方法

(1) 积极参与。每个组员相互扶持、资源共享,持续分享戒毒康复的经验,向其他丧失信心的戒毒人员提供支持。

(2) 展现价值。在小组进程中,通过展现个人能力和挖掘优势势能,促进小组形成团体动力。

(3) 消除社会歧视。通过小组戒毒康复的成果展示,积极参与禁毒宣传,现身说法,获得广泛认同感,消除社会歧视。

四、小组社会工作的过程

(一) 准备阶段

(1) 招募组员。根据治疗、教育、支持需要,按照吸毒成瘾人员特征、成瘾程度、脱困需要等,将其纳入相适应的治疗、教育、支持小组。在招募组员的时候应注意组员的筛选,需充分考虑小组成员的年龄、性别、行为特征、吸毒史、戒毒状态等因素,避免组员间交叉感染而发生复吸、经济纠纷等负面情况。

(2) 确定总体工作目标。征求成员整体意见后,由负责组织的社会工作者确定工作目标。

(3) 制订工作计划。明确小组结构、成员权利与义务、工作周期等。

(二) 初始阶段

1. 小组任务

(1) 协助组员彼此认识、消除陌生感。

(2) 披露各自期望,探讨小组共同目标(在总体目标范围内)。

(3) 建立契约。这里形成的小组契约,是社会工作者与组员之间共同商定的有关小组目标及工作方式的一种协议约定。

(4) 制定规范。明确小组的基本价值理念,如相互尊重、平等互惠、隐私保密、非批判等。

2. 社会工作者的角色

(1) 领导者。社会工作者是小组的核心,负责组员召集、制订计划、统筹活动等。

(2) 使能者。社会工作者要明确总体目标,鼓励组员表达自己的期望,注入初始动力。

(三) 转折阶段

1. 小组任务

(1) 在小组中获得认同。组员通过小组互动,适应小组规范,在小组中寻找自己的角色。

(2) 角色冲突。由于戒毒程度不同,吸毒成瘾人员的自我评价差异明显,组员之间难以接受某些评价和建议,对于小组进程持不同意见,会产生防卫和抗拒的心理及行为。

(3) 领导者的产生。在各种角色冲突中,引入竞争机制,由组员民主自决出领导者。

(4) 构建小组文化。新的领导者产生后,带小组成员制定新的小组规则,优化组织结构,发展独特的小组文化,升华内在动力。

(5) 扶危解困。在领导者的带领下,调配小组资源,聚力解决组员困难,并提升组员修复能力和适应能力。

2. 社会工作者的角色

(1) 支持者。肯定小组文化,肯定组员在戒毒过程中作出的自我披露、相互支持和社会习得。
(2) 协调者。处理小组冲突,缓解紧张情绪和焦虑。
(3) 引导者。运用焦点回归法,即将问题抛回给组员,建立领导权威,让他们自己解决并重新建构小组。

(四) 成熟阶段

1. 小组任务

(1) 巩固组员间的人际关系。组员经历前期活动中的自我表露、相互支持、矛盾冲突,坦诚相待、建立信任,归属感加强,支持系统形成。
(2) 持续增强小组的凝聚力。为了保卫在小组中获得的归属感和认同感,组员可以遵从领导者的意愿,团结起来一致对外。
(3) 稳固小组结构。小组的权力结构基本稳定,小组的决策机制基本成型,小组的进程有规律可循,形成解决困难和整体提升的长效机制。

2. 社会工作者的责任和角色

(1) 监督者。协助组员获得新的认知,把认知转变为行动,维持良好的小组互动。社会工作者要协助组员在领导者的支持下建立更高的目标,保持小组决策机制,建立合理分工,一起寻找解决问题的策略并付诸实施。
(2) 倡导者。在领导者支持下,鼓励将组员的成功经历转化为小组长效规范,让组员接纳和内化,并不断推陈出新。

【扩展阅读资料 5—2:上海市自强社会服务总社的小组服务】[①]

在戒毒康复服务实践中,社工运用小组工作方法,组织服务对象及其

---

① 厉济民、陈慧:《上海 16 年禁毒专业化社会化之路》,《中国禁毒报》,2019 年 9 月 24 日第 1 版。

家属，开展形式多样、有益康复的活动。多年来，共组建各类专业服务小组上千个。例如，为了挖掘服务对象的潜能，培养他们的艺术兴趣，帮助他们克服"心瘾"，徐汇、黄浦等自强社工组织戒毒人员学习篆刻、书画和手工艺术品，帮助他们转移注意力、戒断毒瘾；针对女性服务对象，原闸北社工组织她们开展"女子戒毒沙龙"活动，帮助她们建立自信，融入社会；闵行自强社工组织戒毒人员家属参加戒毒帮教和家庭治疗等相关知识的讲座培训，并提供心理咨询、座谈交流等活动，使家属转变观念，学会与戒毒亲人的沟通帮教技巧，为服务对象戒毒康复提供一个温馨良好的后续照管环境。

发挥同伴互助教育作用。在自强总社成立之初就注意发挥戒毒成功人员的榜样作用，尝试将同伴教育方法运用到戒毒康复服务领域，通过专门培训，将他们培养成同伴辅导员，协助社工开展提前介入、个案帮教、社区宣传等工作，以自己戒毒康复的亲身经历和体验，去影响、鼓励、帮助尚未戒断毒瘾的同伴保持操守、成功戒毒。经过多年摸索，自强总社已经形成了"阶梯式"同伴辅导员培育机制，健全规范了相关工作制度，不断拓展教育形式。

第三节　社区社会工作

本节从社区社会工作的含义、社区社会工作的功能、社区社会工作的内容、社区社会工作的实施等方面介绍了社区社会工作在禁毒社会工作中的运用。

一、社区社会工作的含义

社区社会工作是指在国家行政体制下，依托社区禁毒力量，整合社区资源，优化社区结构，为吸毒成瘾人员提供戒毒康复、消除歧视、安居乐业的综合环境，以提高社区整体安全幸福水平的专业服务方法。

二、社区社会工作的功能

（一）戒毒康复

社区（村集体）是当下居民生产生活最普遍的一种地域性集结形式，不仅是制贩毒和吸毒的主要环境，也是戒毒人员回归社会的落脚点。在社区中开展戒毒康复，资源丰富、形式多样，可以有效解决吸毒成瘾人员的再社会化问题。因此，除了强制隔离戒毒外，吸毒成瘾人员的另外三种戒毒模式均在社区中开展。

（二）消除歧视

长期以来，禁毒宣传的重点是预防和打击毒品违法犯罪，普及毒品危害教育，展示吸毒成瘾人员极端恶性行为，让人们对毒品敬而远之。在此过程中，吸毒人员"传播疾病、毁灭家庭、灭绝人性"等印象逐渐深入人心，对这些"受害者""病人"的成瘾原因、成瘾程度、危害程度分析较少，一刀切地认为只要沾染毒品就是这种样子。这种社会性恐慌会导致吸毒人员被"标签化"后难以去除，吸毒人员戒毒康复后学习就业被歧视情况严重，不被社会接纳，无路可去，又回到原来的吸毒环境，在"老朋友"中寻找归属和认同，开始复吸，久而久之家人也觉得他们"救不了"，"破罐子破摔"，形成恶性循环。因此，消除社会歧视、接纳他们，让他们在新的环境中得到归属与爱，才能增强其防复吸信念，获得希望。

（三）安居乐业

社区作为近几十年来国家主力构建的国民生产生活网络，既是预防和打击毒品的起点，也是治理和消灭毒品的终点。随着20世纪末的国有机构改制和东西区域经济发展差异，很多人离开了赖以生存的集体单位，居民的流动性不断增强，国家管控力度降低，以毒品泛滥为代表的社会问题滋生并扩大。新时代的毒品治理要从"哪里来"到"哪里去"，要通过国家行政、社会组织、志愿服务等力量的凝聚，全面培养人们"识毒、防毒、拒毒"的能力，将毒品从根源上治理，为人民提供一个安定居住、快乐工作的和谐环境。

三、社区社会工作的内容

（一）社区照顾

社区照顾是指社区中各方成员组成的非正式网络与各种正式社会服务系统相配合，在社区内为需要照顾的人士提供服务与支持，促成其过正常的生活，加强其在社区内的生活能力，达到与社区融合，并建立一个具有关怀性的社区的过程。其中社区照顾的非正式网络一般由家人、亲戚、朋友、邻居和志愿者组成。正式的社会服务系统一般是指基层政府、医院、养老机构、精神障碍照顾机构、残障康复机构等法定非营利机构，也包括少量的营利机构。

将戒毒人员纳入社区照顾的服务对象范围。在出现吸毒成瘾人员因疾病或毒品戒断反应而生活困难、家庭成员无人照料等情况时，社区应当提供必要的生活保障和社会融入、能力提升、心理疏导等专业服务，帮助解决戒毒人员的个体和社会问题。

（二）社区教育

一方面，社区应当通过多种形式，开展广泛的禁毒宣传，让所有居民接受禁毒教育，增强社区整体"识毒、防毒、拒毒"能力，形成警民联动，预防毒品违法犯罪；另一方面，通过社区教育的途径，改变居民对吸毒人员的偏见，培育社区居民接纳、尊重吸毒人员的意识和习惯，以形成有利于吸毒人员改过自新的社会氛围，使他们能够顺利回归社会。

（三）社区矫正

执行社区戒毒（康复）的吸毒成瘾人员，应当接受社区管理、教育矫正、职业培训及就业帮扶，积极参与社区禁毒宣传、社区服务，提高社会适应能力，回馈社会，融入社会。

四、社区社会工作的实施

（一）宣传

各个社区应当在禁毒政策的指引下，依托社区组织、社会工作者、志愿者等力量，进行广泛宣传，将禁毒工作社会化、长期化、制度化的观念深入人心，动员所有力量，广泛宣传"无毒"社区理念。

（二）策划

对社区禁毒资源进行全面的调查分析，优化资源配置，建立以禁毒民警、禁毒社会工作者、医护人员、心理咨询、志愿者为主体的禁毒资源库，能为不同层次、不同人群、不同环境的禁毒工作进行社区策划。

（三）行动

对社区组织、社会工作者、志愿者持续开展禁毒培训，适应禁毒新要求，建立社区支持网络，对吸毒成瘾人员及家庭及时开展心理辅导、危机救援、社区照顾、就学就业帮扶等社区行动。

（四）评估

社区行动是一个社会联动的过程，应当在权威机构和社区居民的监督下开展，服务过程及结果需适时反馈并根据需要作出调整，并接受评价和改进。

【案例5-3："行动超越，真爱回家"社区禁毒活动】

2021年春节，笔者督导了一场主题为"行动超越，真爱回家"的社区禁毒活动。具体过程如下。

一、宣传

此次社区行动由成都市××社会工作服务中心及所在地街道办事处、四川××艺术学院联合承办。通过公告、广播、网络宣传，共邀约到社区居民1700余人参与。

二、分析

此街道涵盖6个社区，常住人口约11万人，登记在册吸毒人员49人，其中社区戒毒8人，社区康复24人，正在执行强制隔离戒毒17人。

通过调查发现，从2020年开始，社区吸毒人数断崖式下跌，极不正常。结合吸毒人员个案、小组数据，分析得出，源于疫情防控期间制贩毒渠道受限，毒品价格暴涨，吸毒人群消费力降低；同时，职能部门忙于防疫，打击吸毒违法行为有所滞后。服务中心预判疫情防控期间人们普遍焦虑、精神空虚、停业息工，社会整体吸毒风险增加，戒毒康复人员复吸风险增加。社区应当未雨绸缪，保持禁毒宣传常态，警钟长鸣。

三、行动

此次行动分为三个环节，环环相扣。

（一）文艺汇演

由在册吸毒人员及亲友、艺术学院学生联合策划表演，呈现了八个不同类型的节目，包括小品、歌曲串烧、京剧、双簧、街舞、现场书法、魔术、现场绘画拍卖。观众通过现场微信关注和上台互动，参与评选抽奖，其参与热情被调动。现场活动充分展示出吸毒人员的个人价值、优势势能，表达了他们融入社会的决心，得到了观众的尊重，好评如潮。直至演出结束，主持人才向观众公布，主演中有戒毒康复人员。这让社区居民意识到，吸毒人员戒毒康复后，能够创造社会价值，融入社会，应当消除对他们的社会歧视。

（二）亲情互动

紧接着，主持人邀请了几组家庭上台，通过现场大屏幕，视频对话正在执行强制隔离戒毒的家人，亲人间真情流露，感动了在场的很多观众；大屏幕接着播放了他们在强制隔离戒毒所的生活视频，所内开展的中医治疗、康复训练、心理矫治、职业技能培训，帮助吸毒成瘾人员戒毒康复等内容深入人心，观众鼓掌加油、十分肯定。

（三）专家咨询

通过宣传视频，禁毒社会工作者、志愿者向观众展示了他们帮助吸毒成瘾人员戒毒康复、戒毒人员共建社区康复站的成果；现场还发放禁毒防艾、反歧视倡议书和自愿戒毒等禁毒宣传资料；接受了57人次的现场戒毒咨询。

四、评估

（一）吸毒人员评估

通过不记名问卷调查和家访，较2020年，强制隔离戒毒视频探访人次增长69.4%，亲情修复家属满意度提高37.9%，稳定就业增长13.1%，复吸率降低18.3%。

（二）社会工作中心评估

统计数据显示，较2020年，社区戒毒（康复）执行率提高24%，违反社区戒毒（康复）协议率降低19.4%，戒毒咨询人次增长214.3%。

（三）社区居民评估

社会调查显示，社区禁毒工作满意度达83.3%，提高了32.3%；社会歧视比例27%，下降了33.7%。

思考：
1. 此次活动展现了哪些社会工作的价值理念？
2. 本次活动中的哪些策划经验值得其他社会工作服务项目借鉴？

第六章 禁毒社会工作内容（一）：帮扶救助服务

大多数吸毒人员身心功能不同程度受损，加之长期脱离社会规范，丧失家庭社会角色，成为弱势群体。因此，帮扶救助是禁毒社会工作的第一要务。帮扶救助服务的主要内容包括：为戒毒人员链接生活、就学、就业、就医等方面的政府资源与社会资源；组织专业志愿者等社会力量为戒毒人员及其家庭提供服务；协助解决生活困难，提升戒毒人员谋生技能和自我发展能力；改善社会支持网络，促进戒毒人员社会融入。

第一节 扶危解困

扶危解困，顾名思义，是指社会工作者通过链接专业资源，帮助吸毒人员及家庭脱离现实危险，解决当下困境，提升其适应力的过程。

一、医疗救助

急性生理脱毒。吸毒人员在戒断毒品时，或多或少会出现失眠、疼痛、食欲低下、浑身无力、盗汗、忽冷忽热以及心慌气紧等"戒断综合征"，情绪表现为过敏、烦躁、易怒等，需要医护人员采取对应的药物治疗，逐步减轻戒断反应。

医疗干预。当吸毒人员出现高血压、急慢性肝炎、败血症、肾功能衰竭、血栓性静脉炎、肺心病、慢性器质性脑损害等病症时，医护人员应当采取对应的医疗措施进行干预，防止猝死，确保生命安全。

康复治疗。吸毒人员多与心血管系统、呼吸系统、消化系统紊乱等病症伴随终生，社区康复站、专科医院应当提供必要的康复治疗，助其减轻病痛，防止吸毒人员用毒品替代治疗。

二、心理辅导

应激障碍辅导。面对突如其来的戒毒惩治、家庭的崩溃、生命的逝去，开展心理危机救援，帮助吸毒人员及其家属释放情绪，调适心态，发现生活的动力，重拾生活的信心。

道德规范辅导。开展社会道德规范、社会法治教育，帮助吸毒人员建立正确的世界观、人生观、价值观、道德观，重回社会正轨，融入家庭社会，减少反社会行为及现实危害。

抗逆力培养。开展毒品常识及其危害教育、艾滋病等传染病防治教育，帮助吸毒人员及其亲属树立危机意识，认识到吸毒带来的个人、家庭及社会危害，模拟高危情景，培养吸毒人员应对高危情景的抗逆力。

三、生活帮扶

危机干预。当吸毒人员处于戒毒康复期，或者无法正常履行家庭责任时，社会工作者应当紧急介入，应对吸毒人员及家庭的生存危机实施救助和干预，保障其生命安全。

生活保障。关注戒毒人员及其家庭的需要，协助街道办（居委会）对吸毒人员及家庭作出全面评估，协助解决生活困难，提供生活保障，维持其家庭的正常生存需要、安全需要。

就学就业。在政策范围内，结合吸毒人员个人实际，通过社区职能部门，链接所在社区就学就业资源，协助服务对象制定个人职业发展规划，提升其谋生技能和自我发展能力，维护吸毒人员及亲属受教育、就业权利，抵制社会歧视。

【案例 6-1：Daniel 的心理援助和治疗】

一、相遇

第一次见 Daniel，是在我们工作站。

在做完毛发检测采样后，社区戒毒工作站的人员告诉他，我们可以提供戒毒咨询和心理健康服务。他很开心,却又带着几分拘束地坐下来。

介绍了我们的工作后,他也敞开心扉地介绍自己是一名同性性取向的教育机构老师,有四年吸食冰毒的历史,独居,养了一只柯基犬为伴。暑假期间没有工作,寂寞的时间增多,更加焦虑和担心复吸毒品。

二、他的烦恼

"我拿起手机,无数次想联系他们。"

过去几年,除了工作,他大部分时间泡在"同志"圈,里面的人形形色色,来自各行各业。Daniel 吸食冰毒多年,但第一次被查处吸毒是去年,接受了治安管理处罚,同时被学校开除,辗转去了几家公司工作,目前所在的教育机构已经工作快一年时间。他说这里同事比较接纳他。以前他只知道海洛因之类的是毒品,冰毒在他们眼里就是提神的"快乐因子"。沉溺毒品这几年,他的生活变化巨大,直到被查处,才意识到在这条路上走了这么远。但是他还是反复联系圈子里的人,总会遇见几个吸毒的,因而毒品的诱惑对他而言就没间断过。

"我很焦虑,最近总感觉被人监视着。"

Daniel 居住的是一处酒店式公寓,同一层的租户很多,但多数没有往来。他说,有一户邻居经常主动到他家来聊天,逗他家的狗,关心他的私生活,问他为什么不结婚,需不需要介绍一个女朋友等;每次上厕所都能听见楼上下水道声音,怀疑楼上那户在跟踪他;他只要回到家,就能听见过道里传来频繁的开门声,感觉有人不间断地从门口走过……

"我想看看吸毒最惨的样子。"

Daniel 现在已经知道毒品的危害,但是依然想念吸毒的"快乐",又无法拒绝"同志"生活的需要,希望我们能给他看看吸毒最惨的场景,让自己通过恐惧来抑制对毒品的渴望。

三、诊断

Daniel 的描述反映出,他可能存在吸食合成毒品导致的被害妄想。他表示,自己也能感觉到有这个可能,只是无法确定,也不知如何处理。

四、治疗

我们给予了 Daniel 一些建议:

(1)法治教育。我们向 Daniel 介绍了自愿戒毒、社区戒毒(康复)、强制隔离戒毒等戒毒康复措施,明晰得失,分析利害,提供指引。

(2)观看吸毒危机视频。展示吸毒后生理病变、自伤自残、肇事肇祸等高危情景,建立强烈的"厌毒、惧毒"记忆,形成逆向条件反射,抑制

"恋毒"心理需求。

（3）医疗诊断。建议 Daniel 前往精神专科医院就诊，遵照医嘱，针对吸食合成毒品导致的被害妄想进行药物治疗。

（4）替代。当一种需求不可抑制，只能逐步降解和替代。Daniel 需要保持良好的交友心态，甄别吸毒"同志"，寻找心理和生理替代。

五、成效

Daniel 听取了我们的建议，前往精神专科医院就诊，被诊断出有轻度抑郁，医生开具处方进行为期半年的药物治疗。

Daniel 每周都会来我们这里做心理辅导，有几次还带来几个朋友旁听。在我们的建议下，Daniel 和朋友们组建了"有爱无艾"支持小组，通过分享、心理支持和资源共享，组员之间相互理解和关怀，形成了比较健康的"同志"生活圈。他们每周周末开展环湖骑游，舒缓高压的工作节奏，充实业余生活，帮助与 Daniel 有同样情况的朋友释放情绪。

知晓街道有禁毒志愿活动，Daniel 主动邀约了几个朋友参加。只要时间允许，他们便同社区网格员一起，入户开展禁毒和反诈宣传等公益服务。在志愿服务过程中，Daniel 不仅学习了更多的禁毒知识，加深了毒品危机意识，也让更多的居民接纳了他们这个群体，还给所在的教育机构带去了更多的生源，得到了公司的认可。

在一个飞速发展的都市，千千万万的陌生人汇流相遇，创造了公园城市的发展奇迹，每个群体的付出都应当得到相应的价值回馈，更需要得到社会的包容和认可。

第二节　风险评估

吸毒人员毒瘾发作时是不是都像电影里演的那样恐怖？这是人们问禁毒社会工作者最多的一个问题。的确，电影里所呈现的吸毒人员毒瘾发作的画面令人毛骨悚然，也是具有代表性的极端表现，他们属于日常管控的高风险吸毒人员，具有极大的社会影响力和社会危害性。

禁毒社会工作者应当了解吸毒成瘾认定及程序，结合吸毒人员现实表现，开展成瘾性分析，评估成瘾程度，为戒毒康复、预防复吸提供合理化建议。

一、吸毒成瘾及其表现

吸毒成瘾是吸毒人员反复使用毒品而导致的慢性复发性脑病，表现为不顾不良后果、强迫性寻求及使用毒品的行为，同时伴有不同程度的个人健康及社会功能损害。吸毒成瘾的主要表现如下：

（1）多种毒品混合食用。统计数据显示，90%多的戒毒人员吸食过两种以上的毒品，主要代表是冰毒和麻古混合吸食、摇头丸和K粉混合吸食。近些年国家大力开展"禁毒防艾"宣传，人们对传统毒品耳熟能详，接受危害教育比较多，因而现在吸食传统毒品人员多集中在一些偏远山区和经济欠发达地区，尤其是少数民族地区，一些人对传统毒品已经形成一定的依赖性。冰毒仍然是我国滥用人数最多的毒品。近些年，我国强制隔离戒毒的人员也是以吸食冰毒为主。

（2）并发症较多。传统毒品大多是从植物中提取、加工而成的，直接破坏人体免疫系统、消化系统，损伤心脏、肝脏等重要内脏器官功能，且多种疾病同时扩散，如高血压、糖尿病、急性心衰、病毒性肝炎、癫痫、皮肤病、胸膜炎等，致身体残疾，难以治愈。

（3）伤害无法逆转。合成毒品主要损伤中枢神经以及脑部器质，且难以逆转。大多数人在滥用合成毒品后经常出现烦躁、焦虑、幻觉及被害妄想等症状，是因为控制情绪、思维、运动等大脑功能区域会产生实质性病变，不及时治疗将发展成严重的心理障碍和精神分裂症。

（4）言行异常。长期滥用合成毒品极易导致精神性疾病，大脑无法向身体传递有效指令，频发自伤自残、暴力伤害他人、"毒驾"等肇事肇祸案恶性行为，严重危害公共安全。

二、吸毒成瘾"四步评估"法

评估标准：符合行为一的评估为吸毒成瘾，符合行为二的评估为吸毒严重成瘾。

（1）行为一。

生理渴求：摄入量总体呈上升趋势。

有害使用：已感知身体发生病变，仍不断使用。

功能损害：反复使用导致不愿沟通，人际关系破裂。

戒断反应：中断后，产生恶心、乏力、眩晕、意识模糊等状况，持续24小时以上。

（2）行为二。

生理渴求：渴求毒品意愿强烈，不顾一切追寻。

有害使用：在危及生命安全的情况下，不采取治疗措施。

功能损害：因反复使用无法进行正常学习和工作，无法融入社会。

戒断反应：继续使用原剂量，效果显著降低；只能不断提高摄入量才能维持生理平衡。

【案例6—2：李女士的成瘾性分析】

禁毒志愿者刘同学参加了一次主题为"情有毒终"的禁毒宣传活动，在社区工作站向吸毒人员提供自愿戒毒咨询。

一位李姓女士被母亲带来接受咨询。

李女士：我每个月都跟朋友"溜冰"，体重从原来的65公斤瘦到现在45公斤了，我觉得现在的身材太好了。

刘同学：那只是暂时的，冰毒是毒品，会成瘾的。

李女士：我都吃了一年多了，精神更好了，也可以说不吃就不吃，才没有你说的瘾。

刘同学：那是毒品，会害死你的。

李女士很生气：你根本不懂，你又没试过，还教我。

刘同学按照禁毒宣传资料说了很多，跟李女士不欢而散，很是失落。

刘同学请教督导何老师：我也不可能去以身试毒，是在善意提醒她，她为什么不接受？

何老师没有说教，当着刘同学问了李女士几个问题。

何老师：李女士，你可以对比"溜冰"以前的照片，看看皮肤和骨骼有没有什么变化？

李女士从手机里翻出一年前的照片，又看着镜子里自己干涩蜡黄的皮肤和微微变形的下颌骨，表情微妙。

何老师随手拿起桌上一本手册，翻了一页。

何老师：请您和您母亲都读下这一段，我们会计时。

读完，母亲用时一分十九秒，而李女士用时一分二十七秒。

何老师：您可以回忆一下，刚开始"吃这个"一次量是几克？现在是几克？一次是不是要吃几天？

李女士：你怎么知道？我现在一次就是要吃三到四天，精神好得很，不用睡觉，也不想吃饭。

何老师：这正是你所谓"瘦了"的原因，冰毒是在悄悄地麻痹大脑，消耗你的身体机能，刚才引导你自己发现的骨骼变形、记忆力减退、几天几夜的亢奋，都是"溜冰"的毒性。如果不信，你停吸一个月再来找我，我们看看变化，好不好？

李女士将信将疑地答应了。

六天后母女俩又来到自愿戒毒点找何老师。

李女士母亲十分气愤：她昨天晚上又跟那群狐朋狗友吸毒去了。

李女士面容憔悴，哭泣着说：没有冰毒的日子太难受了，白天上班不停打瞌睡，半夜心慌失眠，体重已经反弹3公斤了，我不想变回原来那个胖子，我实在忍不住了。

何老师告诉刘同学，李女士已经吸毒成瘾了，出现了严重的戒断反应。

何老师说，我们作为禁毒工作者，要储备足够的禁毒知识，要比吸毒人员更懂毒品的危害、理解吸毒的深层次原因，准确地对每一个吸毒人员进行成瘾性分析，而不仅仅是照本宣科，教条式说教，这样才能让服务对象发自内心地相信我们，建立起平等关系，真诚地接受我们的帮助。

思考：
尝试对李女士进行成瘾性分析。

三、吸毒成瘾的认定及检测程序

公安部的《吸毒成瘾认定办法》对吸毒成瘾认定及检测程序进行了规定。

（一）吸毒成瘾认定

吸毒成瘾认定，是指公安机关或者其委托的戒毒医疗机构，通过对吸毒人员进行人体生物样本检测、收集其吸毒证据或者根据生理、心理、精神的症状、体征等情况，判断其是否成瘾以及是否成瘾严重的工作。

(1) 吸毒人员同时具备以下情形的，公安机关认定其吸毒成瘾：

①经血液、尿液和唾液等人体生物样本检测证明其体内含有毒品成分；

②有证据证明其有使用毒品行为；

③有戒断症状或者有证据证明吸毒史，包括曾经因使用毒品被公安机关查处、曾经进行自愿戒毒、人体毛发样品检测出毒品成分等情形。

(2) 吸毒成瘾人员具有下列情形之一的，公安机关认定其吸毒成瘾严重：

①曾经被责令社区戒毒、强制隔离戒毒（含《中华人民共和国禁毒法》实施以前被强制戒毒或者劳教戒毒）、社区康复或者参加过戒毒药物维持治疗，再次吸食、注射毒品的；

②有证据证明其采取注射方式使用毒品或者至少三次使用累计涉及两类以上毒品的；

③有证据证明其使用毒品后伴有聚众淫乱、自伤自残或者暴力侵犯他人人身、财产安全或者妨害公共安全等行为的。

（二）吸毒成瘾认定的检测程序

吸毒检测是运用科学技术手段对涉嫌吸毒的人员进行生物医学检测，为公安机关认定吸毒行为提供科学依据的活动。吸毒检测的对象，包括涉嫌吸毒的人员，被决定执行强制隔离戒毒的人员，被公安机关责令接受社区戒毒和社区康复的人员，以及戒毒康复场所内的戒毒康复人员。

1. 样本采集

公安机关采集、送检、检测样本应当由两名以上工作人员进行；采集女性被检测人尿液检测样本，应当由女性工作人员进行；检测样本为采集的被检测人员的尿液、血液或者毛发等生物样本。

2. 吸毒检测

吸毒检测分为现场检测、实验室检测、实验室复检。

(1) 现场检测。现场检测由县级以上公安机关或者其派出机构进行。现场检测应当出具检测报告。现场检测结果应当当场告知被检测人，并由被检测人在检测报告上签名。被检测人拒不签名的，公安民警应当在检测报告上注明。被检测人对现场检测结果有异议的，可以在被告知检测结果之日起3日内，向现场检测的公安机关提出实验室检测申请。

(2) 实验室检测。实验室检测由县级以上公安机关指定的取得检验鉴定机构资格的实验室或者有资质的医疗机构进行。公安机关收到检测报告后,应当在 24 小时内将检测结果告知被检测人。被检测人对实验室检测结果有异议的,可以在被告知检测结果后的 3 日内,向现场检测的公安机关提出实验室复检申请。

(3) 实验室复检。实验室复检由县级以上公安机关指定的取得检验鉴定机构资格的实验室进行。实验室检测和实验室复检不得由同一检测机构进行。

四、高风险吸毒人员

在禁毒工作中,有下列情况的通常认定为高风险吸毒人员,需要重点管控:

(1) 拒绝接受社区戒毒(康复)或者严重违反社区戒毒(康复)协议的;
(2) 因吞食异物、自杀自残或者因严重病残暂时无法收押、收戒的;
(3) 精神障碍确诊或有精神异常、行为失控表现的;
(4) 有因吸毒引发肇事肇祸前科或扬言报复他人、报复社会的;
(5) 无社会支持系统、无固定就业和固定居所人员。

【扩展阅读资料 6—1:我国《机动车驾驶证申领和使用规定》中有关吸毒的规定】

我国《机动车驾驶证申领和使用规定》:三年内有吸食、注射毒品行为或者解除强制隔离戒毒措施未满三年,以及长期服用依赖性精神药品成瘾尚未戒除的,不得申请机动车驾驶证;有吸食、注射毒品后驾驶机动车行为的,或者有执行社区戒毒、强制隔离戒毒、社区康复措施记录的,不得申请大型客车、重型牵引挂车、城市公交车、中型客车、大型货车准驾车型;被查获有吸食、注射毒品后驾驶机动车行为,依法被责令社区戒毒、社区康复或者决定强制隔离戒毒,或者长期服用依赖性精神药品成瘾尚未戒除的,车辆管理所应当注销其机动车驾驶证;有吸毒行为记录的不能取得校车驾驶资格。

第三节 构建社会支持系统

吸毒成瘾人员的社会支持系统往往是不健全甚至是缺失的，社会工作者要帮助他们恢复家庭功能，整合并扩大社会资源，健全社会支持系统。个人所拥有的社会支持系统越强大，越能应对各种来自环境的挑战。

一、社会支持系统的构成

社会支持系统是指一系列对个人提供生理和心理需要、安全保障、人际互动、资源交换的社会环境总和。在实践中，吸毒人员来往最为密切的支持系统是以直系亲属为主的家庭和生存交流必需的学习工作环境。

（一）直系亲属

直系亲属，是指配偶、父母、子女，包括法律认定的直系血亲，即有抚养关系的继父母与继子女。

配偶。在吸毒人员角色失能时，配偶可以提供生理和心理支持。作为监督者、使能者、资源提供者，配偶在吸毒人员社区戒毒（康复）期间的约束力和教育矫正力强，应当履行帮教义务。

父母。父母作为支持者、监督者、资源提供者，在吸毒人员社区戒毒（康复）期间约束力强但教育矫正力弱，有帮教义务。

子女。子女作为支持者、倡导者，约束力弱但教育矫正力强。

兄弟姐妹。作为支持者、倡导者，教育矫正力弱，约束力弱。当配偶、父母、子女三者缺失或不作为时，可以建立兄弟姐妹帮教关系，必要时提供家庭救援。

（二）主要社会环境

学校。学校作为监督者、资源提供者，可以提供心理辅导、朋辈群体支持。是否帮教（保留学籍）一般以社区戒毒和强制隔离戒毒为界。

单位。单位作为监督者、资源提供者，与戒毒康复者存在人事、薪资待遇等关系。是否帮教（保留人事关系）一般以社区戒毒和强制隔离戒毒为分界线。

社区。社区作为支持者、资源提供者，是聚居在一定地域范围内的人们所组成的广义生活共同体。社区是当下社区戒毒（康复）的主要场所，是在家庭基础上扩展开来的局部稳定结构，是吸毒成瘾人员再社会化的主要情境。

二、社会支持系统的构建内容

社会支持系统的构建主要包括以下内容：

（1）从社区层面吸/戒毒人员自身及其家庭、朋辈群体、社区、学校、社会服务机构等互动关系中分析其可利用的资源，构建支持网络。

（2）强化社区层面吸/戒毒人员社会支持网络，包括个人增能与自助、家庭照顾者支持、邻里互助、志愿者链接、增强社区权能等。

（3）巩固社会支持网络成效，建立长效机制。

三、社会支持系统的构建方法

（一）志愿加入

社区开展禁毒宣传，让吸毒成瘾人员多渠道了解社会工作的机制，当戒断困难时可以主动寻求社会工作者的帮助，获得政策咨询、心理辅导和沟通调解。

（二）家庭辅导

家庭是社会工作中服务案主的重要情境，是禁毒工作的最基本单元，是戒毒康复人员戒毒康复过程中的支持者和使能者，是戒毒康复成功与否的关键因素。社会工作者与家属配合协作，可以有效矫治吸毒人员行为、修复亲情，协助戒毒康复人员恢复社会功能。

社会工作者通过开展家庭辅导，提升家庭支持能力，介入重点包括：

（1）改善家庭结构，调整家庭关系。

（2）提升家属的情绪管理及危机应对能力。

（3）提升戒毒康复人员的家庭责任感，重塑其家庭角色。

（三）社区召集

社会工作者按照社区治理需要，有组织地宣传动员，开展公益性活动，发挥团体动力扩大受众，提高吸毒成瘾人员及家庭的社会参与度。

（四）危机干预

当吸毒成瘾人员无法履行家庭或社会义务，不介入会危及家庭或社会稳定，造成无法挽回的损失时，社会工作者应当主动介入，链接、整合家庭社会资源，提供相应的法律援助和人道救援。

（五）强制执行

执行社区戒毒（康复）和强制隔离戒毒时，国家规定家庭和社区有义务建立帮教关系，配合管理、教育、矫正，辅助就业，提高社会适应力，实现共同治理。

【案例 6—3：乐某故意杀人案】

2013 年，南京一名母亲乐某，将两个女儿（一个一岁，一个两岁）留在家中，备了几天的食物和水后，外锁门窗，两月未归，也未告知家人和社区，致两个女儿无人照料，活活饿死在家中。

经调查，乐某系文盲、无业，从小由爷爷抚养，一直未登记户籍，长期跟男友吸食合成毒品，孩子的父亲在案发前几个月因容留他人吸毒进监服刑。社区鉴于乐某家庭困难，每个月会发放一定生活补助进行救助，拿到救助金后，乐某除购买了一些生活必需品外，均用于吸毒和赌博。而且，从孩子们滞留家中直至乐某归案前，她曾六次从社区领取到了生活补助。

2014 年庭审，乐某犯故意杀人罪，被判处无期徒刑，剥夺政治权利终身。

思考：

1. 乐某的社会支持系统出现了什么问题？出现问题的原因是什么？
2. 如果你是禁毒社会工作者，应当如何帮助其构建新的社会支持系统？

第四节　社会融入

吸毒人员及其家庭通常面临着社会排斥或社会隔离，需要禁毒社会工作者助其修复社会功能，为之提供社会照顾，助其融入社会。

一、功能修复

个人功能的修复。通过提供生活保障和戒毒康复，培养戒毒康复人员良好的抗逆力，使其脱离原有的"吸毒圈"，适应新的社会环境，扬长避短地培养职业技能并不断提升，实现个人及家庭生存需要。

家庭功能的修复。重构家庭角色，让吸毒人员获得正确学习参照，学习正确的伦理道德规范，清楚自己的角色定位；通过家庭日、亲友会、文艺汇演等情境，搭建沟通平台，敞开心扉地自我披露，修复亲情，提升生理心理支持力，增强家庭归属感，形成家庭良性互动。

社会功能的修复。以家庭为基石，广泛开展社会参与，让吸毒人员承担多重社会角色，全面提高其社会功能，充分发现自我价值，获得更多自我实现，替代毒品带来的短暂快感。

二、社会照顾

出所衔接。戒毒人员在强制隔离戒毒解除前，社区康复工作站应提前与之建立联系，掌握戒毒康复人员的个人基本信息、吸毒史、帮教史、现实行为表现、矫治矫正水平、再就业能力、优势资源等信息，建立管理档案；与医院、学校、单位及社区建立协同机制，以提供一站式禁毒戒毒服务，保障他们得到社会照顾。

协议监督。禁毒社会工作者根据管理档案，定期随访，开展吸毒人员调查统计、复吸风险及危险性评估；督促、帮助自愿戒毒人员开展戒毒药物维持治疗；监督社区戒毒（康复）人员履行协议，不定期进行尿液检测，加强日常管控，减少现实危害。

三、社会融入

社会参与。组织戒毒康复人员参与社区、学校、单位的禁毒宣传活动,现身说法,发挥亲身示范作用,巩固戒毒自信,扩大社会影响。

社会联结。协助戒毒康复人员修复其社会支持网络,通过提高其依附感、奉献感、参与感、信念感等,促进戒毒康复人员与社会形成良性互动,从而减少违法犯罪行为,顺利融入社会。

消除歧视。通过个人价值展现,再就业的稳定实现,社会价值的发挥,倡导政策与制度的改变,保障合法权益,争取公平待遇,减少甚至消除来自家庭、社会的歧视。

第七章 禁毒社会工作内容（二）：戒毒康复服务

戒毒康复包括自愿戒毒、社区戒毒、强制隔离戒毒和社区康复。戒毒康复社会工作服务体现在早期干预、戒毒支持、防复吸服务、社会融入等方面，主要服务内容包括：调查了解戒毒康复人员心理状态、行为趋向、生活状况、社会关系等情况，开展戒毒康复人员心理社会需求评估；为戒毒康复人员提供心理辅导、行为干预、家庭关系辅导、自我管理能力和社会交往能力提升等专业服务；协助戒毒康复人员调适其与社区及社会的关系，营造有利于戒毒康复的社会环境；开展有利于戒毒康复人员社会功能修复的其他专业服务。

第一节 自愿戒毒支持

自愿戒毒支持主要包括以下内容：增强社区层面吸毒人员戒毒动机；协助社区层面吸毒人员选择合适的自愿戒毒方法与途径；自愿戒毒资源链接、转介，转介后持续跟进戒毒情况。

一、什么是自愿戒毒

自愿戒毒是指吸毒人员主动到国家认可的具有戒毒治疗资质的医疗机构接受戒毒治疗的行为。它是吸毒人员意识到吸毒行为给自己、家庭、社会带来的影响与伤害后，主动脱离毒瘾的过程。

国家鼓励吸毒成瘾人员自行戒除毒瘾。吸毒人员可以自行到戒毒医疗机构按照协议约定接受戒毒治疗。对自愿接受戒毒治疗的吸毒人员，公安机关对其原吸毒行为不予处罚。

自愿戒毒的场所形式多样，有开放式、半封闭式和封闭式。

二、自愿戒毒的医疗机构

《中华人民共和国禁毒法》有如下规定：

设置戒毒医疗机构或者医疗机构从事戒毒治疗业务的，应当符合国务院卫生行政部门规定的条件，报所在地的省、自治区、直辖市人民政府卫生行政部门批准，并报同级公安机关备案。戒毒治疗应当遵守国务院卫生行政部门制定的戒毒治疗规范，接受卫生行政部门的监督检查。

戒毒治疗不得以营利为目的。戒毒治疗的药品、医疗器械和治疗方法不得做广告。戒毒治疗收取费用的，应当按照省、自治区、直辖市人民政府价格主管部门会同卫生行政部门制定的收费标准执行。

医疗机构根据戒毒治疗的需要，可以对接受戒毒治疗的戒毒人员进行身体和所携带物品的检查；对在治疗期间有人身危险的，可以采取必要的临时保护性约束措施。

发现接受戒毒治疗的戒毒人员在治疗期间吸食、注射毒品的，医疗机构应当及时向公安机关报告。

《戒毒条例》有如下规定：

戒毒医疗机构应当与自愿戒毒人员或者其监护人签订自愿戒毒协议，就戒毒方法、戒毒期限、戒毒的个人信息保密、戒毒人员应当遵守的规章制度、终止戒毒治疗的情形等作出约定，并应当载明戒毒疗效、戒毒治疗风险。

戒毒医疗机构应当履行下列义务：

（1）对自愿戒毒人员开展艾滋病等传染病的预防、咨询教育；

（2）对自愿戒毒人员采取脱毒治疗、心理康复、行为矫治等多种治疗措施，并应当符合国务院卫生行政部门制定的戒毒治疗规范；

（3）采用科学、规范的诊疗技术和方法，使用的药物、医院制剂、医疗器械应当符合国家有关规定；

（4）依法加强药品管理，防止麻醉药品、精神药品流失滥用。

三、自愿戒毒支持的内容

（一）脱毒治疗

采用美沙酮等药物替代治疗，降解戒毒人员毒瘾，逐步替代直至脱毒；采用中医针灸、中药排毒等治疗方法，实现身体机能恢复。

（二）心理康复

采用沙盘游戏、音乐治疗、小组团建等方法，帮助戒毒人员释放焦虑、培养情绪管理能力，修复人际关系。

（三）教育矫治

通过毒品危害教育、法治教育，学习道德规范，注入危机意识，强化戒毒人员戒毒动机，培养抗逆力。

（四）家庭社会融入

通过家庭日、亲友会、文艺汇演等情境，实现家庭治疗、亲情修复，展现戒毒人员自我价值，实现社会接纳、消除社会歧视。

第二节　社区戒毒支持

社区戒毒支持主要包括以下内容：为有需要的社区戒毒人员提供社区戒毒咨询，坚持以人为本、科学戒毒、综合矫治、关怀救助的理念，对吸毒人员实行登记制度，分类分级进行服务管理，从而帮助吸毒人员戒除毒瘾、恢复健康、回归社会；对符合条件的吸毒人员依法责令其到社区戒毒社区做康复治疗，全面落实戒毒治疗、康复指导、就业扶持、救助服务措施，提升对吸毒人员的服务管理工作水平；提供咨询及心理辅导，坚定吸毒人员戒毒的信心、耐心与恒心，降低复吸率；为有需要的社区层面吸/戒毒人员提供药物维持治疗咨询，并协助其制订药物维持治疗计划，鼓励其在情况稳定后戒断替代药物，最终摆脱毒品困扰；为有需要的社区层面吸/戒毒人员家属普及替代药物知识，让家属科学看待替代治疗方法，并能够持续支持戒毒者服用替代药物，建立戒毒者在戒毒过程中持续的家庭支持网络，营造良好的家庭氛围。

一、什么是社区戒毒

县级、设区的市级人民政府公安机关依照吸毒成瘾认定程序，责令吸毒人员在户籍所在地或者现居住地，接受城市街道办事处或乡镇人民政府提供的为期三年的戒毒管控、治疗等措施。

社区戒毒是我国现行戒毒措施的核心，是对符合条件的吸毒人员依法责令其到社区戒毒社区做康复治疗，全面落实戒毒治疗、康复指导、就业扶持、救助服务措施，提升吸毒人员服务管理工作水平，侧重于监督和教育。

二、社区戒毒的主体与客体

（一）社区戒毒的主体

社区戒毒的主体是行政机关与社会组织。社区戒毒工作由镇（区）人民政府负责实施，公安机关和司法行政、卫生行政、民政等部门应当对社区戒毒工作提供指导和协助，市、镇（区）人民政府应当将社区戒毒（康复）工作经费列入同级财政规划。

城市街道办事处、乡镇人民政府可以指定有关基层组织，根据戒毒人员本人和家庭情况，与戒毒人员签订社区戒毒协议，落实有针对性的社区戒毒措施。

城市街道办事处、乡镇人民政府，以及县级人民政府劳动行政部门对无职业且缺乏就业能力的戒毒人员，应当提供必要的职业技能培训、就业指导和就业援助。

（二）社区戒毒的客体

社区戒毒的客体是接受社区戒毒的人员。接受社区戒毒的戒毒人员应当遵守法律、法规，自觉履行社区戒毒协议，并根据公安机关的要求，定期接受检测。

违反社区戒毒协议的戒毒人员，应当接受社区戒毒工作人员的引导、批评、教育；对严重违反社区戒毒协议或者在社区戒毒期间又吸食、注射毒品的行为，依法接受强制隔离戒毒。

三、社区戒毒的内容和任务

社区民警、社区戒毒专职工作人员、社区医务人员、社区戒毒人员的家庭成员以及禁毒志愿者共同组成社区戒毒工作小组，具体实施社区戒毒。

《戒毒条例》规定，乡（镇）人民政府、城市街道办事处和社区戒毒工作小组应当采取下列措施管理、帮助社区戒毒人员：

（1）戒毒知识辅导；
（2）教育、劝诫；
（3）职业技能培训，职业指导，就学、就业、就医援助；
（4）帮助戒毒人员戒除毒瘾的其他措施。

四、社区戒毒支持的任务和内容

（一）社区戒毒支持的任务

社区戒毒支持的任务包括以下三个层面。

1. 个人任务

提供咨询和辅导，促使戒毒人员认清毒品危害、改变错误认知、强化戒毒动机、坚定戒毒信念、抑制吸毒成瘾行为、预防复吸，挖掘自我潜能、应对高危情境。

2. 家庭任务

通过教育、矫治，树立道德规范、端正生活态度、修复家庭亲情、整合家庭资源、促进家庭融入。

3. 社区任务

社区提供必要的职业技能培训、就业指导和就业援助，整合社区资源，营造相适宜的就业环境。消除社会歧视，帮助戒毒人员增强社会适应能力、恢复社会功能、履行社会责任，融入社会。

（二）社区戒毒支持的内容

从介入的层次来看，社区戒毒支持专业化服务既有针对吸毒者个人以及家庭的微观干预，也有消除社会排斥、建设良好的社区人文环境等宏观方面的工作内容。个人层面，社会工作者为吸毒人员提供认知、情感和行为方面的直接咨询与治疗服务；个人与环境互动层面，社会工作者充当"协调者"的角色，帮助吸毒人员修复和重建其受损的社会支持系统；社区层面，社会工作者通过宣传和倡导等方式，联合社区各方力量，整合社区资源，在实现吸毒者全面康复目标的同时，积累和培育社区社会资本，促进社区民间组织的发育，提高社区的行动能力。此外，社会工作者作为戒毒政策的执行者和相关福利服务的提供者，不断总结和反思实践经验，为有关政策法规的制定和制度建设提供意见和建议[①]。

具体而言，社区戒毒支持的主要内容如下。

1. 无缝衔接

禁毒社会工作者应对社区戒毒人员开展无缝衔接工作，促进社区戒毒人员实现从拘留所或强制隔离戒毒场所到社区戒毒场所的顺利转变。服务包括但不限于以下内容：

（1）做好入所对接准备，向当地派出所、社区及家属了解社区戒毒人员基本信息；

（2）如条件具备，提前进入拘留所或强制隔离戒毒场所进行社区戒毒政策及知识宣讲，解答疑问，并与社区戒毒人员建立关系；

（3）与家属沟通共同接受社区戒毒人员出所的意愿，与社区民警确定其出所对接日期，做好无缝衔接准备工作；

（4）参与社区戒毒人员出所对接工作。

2. 报到建档

吸毒成瘾人员社区戒毒按规定时间到执行地报到后，社会工作者开展的工作包括但不限于以下内容：

（1）了解社区戒毒人员基本信息；

---

① 钟莹、刘传龙：《〈禁毒法〉背景下的社区戒毒工作与社会工作介入》，《江西师范大学学报（哲学社会科学版）》，2011年第3期，第111页。

（2）向社区戒毒人员宣传社区戒毒的相关法律、法规、政策规定；

（3）协助社区戒毒人员签订社区戒毒协议书、权利义务告知书；

（4）为社区戒毒人员建立档案。

3. 评估

禁毒社会工作者对社区戒毒人员应开展评估工作，了解其面临的问题及需求，工作包括但不限于以下内容：

（1）报到初期对社区戒毒人员表现出的生理、心理、社会等问题和需求进行预估；

（2）对社区戒毒人员进行危机评估，包括评估威胁戒毒人员生命的危机因素、复吸的危机因素等；

（3）对社区戒毒人员进行心理社会发展需求评估；

（4）对社区戒毒人员进行社会支持系统评估，包括评估社会、家庭、朋辈等各种正面和负面因素；

（5）定期进行社区戒毒人员的戒毒康复评估。

4. 戒毒康复服务

禁毒社会工作者根据问题及需求评估情况对社区戒毒人员开展戒毒康复服务，服务包括但不限于以下内容：

（1）对有需要的社区戒毒人员开展心理咨询和情绪疏导；

（2）对有需要的社区戒毒人员进行人际关系辅导，包括婚恋、夫妻、亲子、同事、邻里关系等；

（3）对有需要的社区戒毒人员提供自我管理能力和社会交往能力提升服务；

（4）组织志愿者和社会力量开展有利于社区戒毒人员戒除毒瘾、回归社会的志愿服务；

（5）开展有利于社区戒毒人员社会功能修复的其他专业服务。

5. 帮扶救助服务

禁毒社会工作者根据评估问题及需求对社区戒毒人员开展帮扶救助服务，服务包括但不限于以下内容：

（1）协助有需要的社区戒毒人员申请最低生活保障、医疗救助和临时救助等帮扶救助服务；

(2) 为有需要的社区戒毒人员开展生涯规划和就业指导，链接就业、职业培训等方面的政府资源与社会资源，促进其就业；

(3) 为有需要的社区戒毒人员链接就学就业资源、其他政府资源与社会资源，提升其生计发展能力；

(4) 组织志愿者和社会力量开展社区戒毒人员帮扶救助志愿服务。

6. 行为干预服务

禁毒社会工作者根据问题及需求评估情况对社区戒毒人员开展社会心理行为干预工作，服务包括但不限于以下内容：

(1) 为有需要的社区戒毒人员开展以循证为基础的社会心理行为干预；

(2) 对可能有复吸及危害社会行为的社区戒毒人员进行必要的行为干预；

(3) 对有需要的社区戒毒人员提供医疗治疗转介，包括戒毒医疗机构、药物维持治疗机构、专科医疗机构；

(4) 借鉴动机强化治疗、认知治疗、行为治疗、集体治疗、家庭治疗等专业工作技术，为有需要的社区戒毒人员开展社会心理行为干预。

7. 宣传教育工作

禁毒社会工作者应根据社区戒毒人员和家属需求，社区、社会需求，开展戒毒禁毒宣传和教育工作，服务包括但不限于以下内容：

(1) 对社区戒毒人员及其家属开展社区戒毒法律法规、戒毒康复资源、社会工作服务等信息和资源的宣传工作；

(2) 开展调适社区戒毒社区康复人员与社区及社会关系的宣传教育服务，构建社区支持网络，营造有利于社区戒毒的社会环境；

(3) 开展禁毒法律法规、政策、毒品知识、防治艾滋病和传染病、药物维持治疗等相关政策和知识的宣传，增强全民禁毒意识，提高全民自觉抵制毒品的能力；

(4) 向社区戒毒社区康复人员及社区民众宣传关于尿检及毛发检测的相关知识；

(5) 组织有意愿的社区戒毒社区康复人员参与社区志愿活动，鼓励参与社区协商，为社区发展出谋划策，参加社区组织的各类公益倡导活动，促进其融入社区。

8. 跟踪回访

（1）禁毒社会工作者对解除责令的社区戒毒社区康复人员，应在其解除责令后 2 年内定期跟踪回访，了解其社会心理发展情况，具体如下：

①针对社区戒毒人员的跟踪回访第一年每季度至少一次，第二年每半年至少一次；针对社区康复人员的跟踪回访每半年至少 1 次。

②针对已解除责令的社区戒毒社区康复人员现有需求提供专业服务。

（2）对解除责令 2 年及以上的社区戒毒社区康复人员进行不定期回访和跟踪服务。

9. 政策倡导

禁毒社会工作者宜研究、分析与社区戒毒社区康复相关的法律、法规及政策的不完善内容，向有关职能部门提出完善建议。

五、社区戒毒执行

（一）定期检测

接受社区戒毒的戒毒人员应当遵守法律、法规，自觉履行社区戒毒协议，并根据公安机关的要求，定期接受检测。

尿检：原则上，第一年至少每月检测一次，第二年至少两个月检测一次，第三年至少每季度检测一次。有效期不超过半个月。

毛发检测：不定期开展毛发检测，有效期半年左右。

（二）违反社区戒毒的情形及处置

对于逃避或拒绝接受吸毒检测的社区戒毒人员，公安机关应当依据《公安部吸毒检测程序规定》进行强制检测。对于初次逃避或拒绝检测、第二次逃避或拒绝检测的社区戒毒人员，社区戒毒办公室应当制作《社区戒毒人员违规行为告诫书》，对其进行书面告诫。对于第三次逃避、拒绝检测或强制检测结果为阳性的社区戒毒人员，可以认定为严重违反社区戒毒协议。

对违反社区戒毒协议规定的，给予口头警告或要求书面告诫意见。发现违反社区戒毒协议规定复吸毒品的人员，应立即向公安机关报告，依法予以强制隔离戒毒。

社区戒毒人员在社区戒毒期间，逃避或者拒绝接受检测3次以上，擅自离开社区戒毒执行地所在县（市、区）3次以上或者累计超过30日的，属于严重违反社区戒毒协议。

（三）执行完毕

社区戒毒自期满之日起解除。对戒断3年未复吸的人员，不再实行动态管控。

第三节 强制隔离戒毒支持

强制隔离戒毒支持主要包括以下内容：为初入所的强制隔离戒毒人员进行情绪疏导，协助其适应所内生活；开展所内适应期服务，包括健康生活方式养成、兴趣爱好培养、自尊与自信提升、解决问题能力增强等；为入所戒毒人员的家属提供支持，发挥入所强制隔离戒毒人员与家属之间的桥梁作用；制定无缝衔接方案，做好出所衔接，与所外禁毒社会工作者合作，为强制隔离戒毒人员出所后的工作、生活做好准备，降低复吸率。

一、什么是强制隔离戒毒

强制隔离戒毒是指吸毒成瘾人员无法通过社区戒毒脱离毒瘾，由县级以上公安机关依法作出、在封闭的场所执行的脱毒治疗、管理教育、矫治矫正戒毒措施。通过为戒毒人员开展生理脱毒、疾病诊疗、体能康复、抗复吸训练、法律和禁毒知识教育、心理矫治、职业技能培训等，积极帮助戒毒人员戒除毒瘾、回归社会。

强制隔离戒毒的期限为两年。根据现实表现，经综合诊断评估，可以提前一年解除，也可以延期执行一年。

强制隔离戒毒是我国现行戒毒措施强有力的保障，是戒毒体系的最后一道屏障，侧重于教育和挽救，对吸毒行为具有威慑作用。

二、强制隔离戒毒的适用

《中华人民共和国禁毒法》及《戒毒条例》对强制隔离戒毒的适用作出了详细规定。

(1) 吸毒成瘾人员有下列情形之一的,由县级以上人民政府公安机关作出强制隔离戒毒的决定:

①拒绝接受社区戒毒的;
②在社区戒毒期间吸食、注射毒品的;
③严重违反社区戒毒协议的;
④经社区戒毒、强制隔离戒毒后再次吸食、注射毒品的。

(2) 对于吸毒成瘾严重,通过社区戒毒难以戒除毒瘾的人员,公安机关可以直接作出强制隔离戒毒的决定。吸毒成瘾人员自愿接受强制隔离戒毒的,经公安机关同意,可以进入强制隔离戒毒场所戒毒。

(3) 怀孕或者正在哺乳自己不满一周岁婴儿的妇女吸毒成瘾的,不适用强制隔离戒毒。不满十六周岁的未成年人吸毒成瘾的,可以不适用强制隔离戒毒。

(4) 被决定予以强制隔离戒毒的人员,由作出决定的公安机关自决定之日起送往公安机关强制隔离戒毒场所执行。强制隔离戒毒人员在公安机关的强制隔离戒毒场所执行强制隔离戒毒3个月至6个月后,转至司法行政部门的强制隔离戒毒场所继续执行强制隔离戒毒,且在公安机关的强制隔离戒毒场所执行时间不得超过12个月。

(5) 被决定人对公安机关作出的强制隔离戒毒决定不服的,可以依法申请行政复议或者提起行政诉讼。

三、强制隔离戒毒的特征

(一) 惩罚性

吸毒人员是违法者,对社会具有一定危害性,在强制隔离戒毒期间接受集中统一治疗、管理、教育、矫正,可以减少对社会的危害,维护社会法治,促进社会稳定。

（二）强制性

吸毒成瘾严重的人员依法收戒后，与社会暂时隔离，强制让他们失去沾染毒品、违法犯罪的机会，通过生理脱毒、心理矫治、劳动矫正等措施，帮助他们恢复身体机能、矫治心理问题、养成劳动创造等习惯，维护法治权威。

（三）副作用

封闭空间容易导致场所内戒毒人员产生应激反应、言行异常；长期与社会脱轨，角色单一扁平化，严重削弱社会功能致再社会化困难；吸毒成瘾人员高密度集中，易发生制贩毒经验交流，建立新的"毒友圈"。

四、强制隔离戒毒的模式

按照司法部2018年出台的《关于建立全国统一的司法行政戒毒工作基本模式的意见》，建立以分区分期为基础、以专业中心为支撑、以科学戒治为核心、以衔接帮扶为延伸的全国统一强制隔离戒毒模式，即"四区五中心"模式。

"四区"即生理脱毒区、教育适应区、康复巩固区、回归指导区，"五中心"是指戒毒医疗中心、教育矫正中心、心理矫治中心、康复训练中心、诊断评估中心。

五、强制隔离戒毒的内容

（1）根据戒毒人员的性别、年龄、患病等情况，对戒毒人员实行分别管理。

（2）开展急性脱毒治疗，消除急性戒断症状；对有严重残疾或者疾病的戒毒人员，应当给予必要的看护和治疗；对患有传染病的戒毒人员，应当依法采取必要的隔离、治疗措施；对可能发生自伤、自残等情形的戒毒人员，可以采取相应的保护性约束措施。

（3）根据戒毒人员吸食、注射毒品的种类及成瘾程度等，对戒毒人员进行有针对性的生理、心理治疗和身体康复训练。

（4）组织戒毒人员参加必要的生产劳动并支付一定的劳动报酬，开展适合就业的职业技能培训，实现行为矫正和出所后再就业。

（5）依法保障戒毒人员享有通话、通信、探访、探视等基本权利。

【扩展阅读资料7—1：与艾滋病感染者接触时的防护工作】

国家规定，艾滋病感染者执行强制隔离戒毒时，在集中统一的戒毒场所执行。

即使艾滋病感染者没有血液暴露，也不能排除吸食合成毒品后潜藏的暴力倾向，尤其是在戒断期间，所以工作人员在工作时做好防护是必需的。建议工作人员穿长袖长裤、确认服务对象心理状态、工作时多人同行。

一旦有血液接触，应立即到疾控中心实施药物阻断，2小时以内阻断成功率达99%，24小时以内阻断成功率将近90%。在同艾滋病感染者接触时，紧张、保持距离是正常反应，不必内疚，这是出于人对自身保护的本能反应，不应当被认为是歧视。

所以，在禁毒宣传中需要长期开展"防艾"教育，正视艾滋病，关怀艾滋病携带者和感染者，提供必要的医疗救治措施，树立艾滋病是可防可治的观念，激发他们的戒毒信心和生活信心，减少反社会行为的发生。

六、强制隔离戒毒人员再社会化措施

（一）危机干预

在强制隔离戒毒期间，当戒毒人员的家庭经济无法维持、子女无人抚养、父母病危等危急情况发生时，及时与社区做好衔接配合，提供社会救助。通过场所内外共同努力，把握时机，开展行之有效的教育、感化、挽救。

（二）亲情帮教

亲情修复。邀请戒毒人员家属及所在单位、学校走进戒毒所，提供与戒毒人员沟通交流机会，重拾家庭角色，增进家庭凝聚力，修复亲情关系。

提供一站式服务。家属无法到所帮教时，可以通过各地社区康复指导站开展远程视频探访，巩固亲情。

协同帮教。对于无亲属照管的戒毒人员，应当聘请社会工作者、志愿者开展在所帮教，让戒毒人员获得情感和心理支持、重拾家庭角色，激发潜能，为重获新生做准备。

（三）衔接回归

就业指导。将社会形势、职业技能教育贯穿戒毒始终，让戒毒人员在思想上和能力上与社会接轨。

戒毒社会化延伸。戒毒场所应当向社会延伸，拓展社会化职能，与政府机构、社会组织联合帮教，在社区共创共建共治，做好出所衔接与困难帮扶，实现戒毒人员社区康复期间可管可控，消除社会歧视，营造良好的康复环境。

【案例7-1：李某的戒断反应】

李某，男，19岁，初中辍学，无业，有四年冰毒、麻古吸食史，因吸毒成瘾被××县公安局决定强制隔离戒毒两年。入所当天，李某出现失眠、狂躁、精神恍惚等症状，经医生诊断，属于急性生理脱毒戒断反应，需要立即用药治疗。药物治疗后，李某的失眠、狂躁症状有所缓解，但精神障碍依旧明显，时常对着空气喊"别杀我""我错了""放过我吧"……时而跪地求饶，时而用头部撞墙，甚至在厕所吃了自己的排泄物。鉴于李某有严重的自伤自残行为，经主管部门审批同意，决定对其实施保护性约束措施72小时。后经专家调阅李某外院治疗记录，结合现实表现，会诊确认：李某已患严重的精神分裂症。

思考：

当服务对象出现戒断反应时，该如何处理？

第四节　社区康复

社区康复主要内容包括通过心理支持、家庭关系改善、社会功能恢复等开展防复吸服务以及社会融入服务。

一、什么是社区康复

社区康复，是指吸毒成瘾人员执行完成强制隔离戒毒后或因身体原因无法执行强制隔离戒毒时，县级以上公安机关责令吸毒人员在户籍所在地或者现居住地，接受城市街道办事处或乡镇人民政府提供的不超过三年的戒毒管控、治疗等措施。

社区康复参照《中华人民共和国禁毒法》关于社区戒毒的规定实施。社区康复的主体、内容、任务、执行均参照社区戒毒。

社区康复是我国现行戒毒措施的补充，侧重于治疗和挽救。被责令接受社区康复的人员拒绝接受社区康复或者严重违反社区康复协议，并再次吸食、注射毒品被决定强制隔离戒毒的，强制隔离戒毒不得提前解除。

二、社区康复场所

国家鼓励社会组织兴办社区康复场所。

《中华人民共和国禁毒法》指出，县级以上地方各级人民政府根据戒毒工作的需要，可以开办戒毒康复场所；对社会力量依法开办的公益性戒毒康复场所应当给予扶持，提供必要的便利和帮助。戒毒人员可以自愿在戒毒康复场所生活、劳动。戒毒康复场所组织戒毒人员参加生产劳动的，应当参照国家劳动用工制度的规定支付劳动报酬。

《关于加强禁毒社会工作者队伍建设的意见》指出，要完善政府购买禁毒社会工作服务政策，适时制定政府购买禁毒社会工作服务管理实施办法。要倡导和鼓励社会力量建立专业的禁毒社会工作服务机构，对符合条件的要按照法律规定给予税收优惠。

三、社区康复执行

（一）定期检测

接受社区康复的戒毒人员应当遵守法律、法规，自觉履行社区康复协议，并根据公安机关的要求，定期接受检测。

尿检。原则上，第一年至少每两个月检测一次，第二年至少每季度检测一次,第三年至少每半年检测一次。有效期不超过半个月。

毛发检测。不定期开展毛发检测,有效期半年左右。

(二)违反社区康复的情形及处置

具体情况参照社区戒毒政策执行。

(三)执行完毕

社区康复期满之日解除动态管控。

四、社区康复支持

(一)防复吸服务

社会工作者应当掌握应对戒断反应和预防复吸的方法,培养社区康复人员防复吸能力,实现生理心理脱毒,保障社区康复人员的生命安全。

1. 戒断反应

吸毒成瘾的病理生理学特征表明,人的大脑工作是靠神经传导,依靠的就是自身分泌的内啡肽和多巴胺,以实现人体的正常生理活动。

由于长期反复使用毒品,外来内啡肽和多巴胺(毒品成分)进入人体,替代并遏制了自身内啡肽和多巴胺内部分泌,使得中枢神经对毒品产生适应性,建立了人体用毒状态新平衡。一旦停止吸毒,中断或打破了这种平衡,在没有药物加持下人体生理功能停止作用,导致生理紊乱,表现为急性中毒状态,出现难以忍受的临床戒断症状,即戒断综合征。根据毒品使用剂量和自身抵抗力不同,症状轻者可以自行缓解,重者不用药物治疗会危及生命,戒断症状时长可达数周。

当戒断反应出现后,身体条件反射大脑要求提供多巴胺和内啡肽,而大脑已经不能足够分泌甚至不分泌,只有靠外界提供多巴胺和内啡肽来维持生理平衡才能消除这些症状,促使吸毒人员为避免这种痛苦而想方设法地维持吸毒状态,这就是所谓的"吸毒上瘾"。

大多数吸毒成瘾人员在戒断综合症状消退后,身体机能依旧无法恢复,出现顽固性失眠、疼痛、食欲低下、浑身无力、盗汗、忽冷忽热以及心慌气紧等生理反应,情绪表现为过敏、烦躁、易怒等,持续时间长达几个月甚至数年,这就是吸毒成瘾人员口中的"戒不掉"。

所以，禁毒工作不仅是预防吸毒，还需要深入研究如何防止吸毒成瘾人员复吸。

2. 防复吸服务内容

社会工作者可以为社区康复人员提供以下防复吸服务。

（1）心理支持服务。强化社区层面戒毒人员戒毒动机与信心，协助社区层面戒毒人员管理情绪与压力，增强社区层面戒毒人员应对高危情境的能力。

（2）家庭关系改善服务。改善社区层面戒毒人员与父母、配偶、子女及其他重要成员的沟通方式，加强社区层面戒毒人员与父母、配偶、子女及其他重要成员的互动，为社区层面戒毒人员提供婚恋咨询和辅导，为社区层面戒毒人员提供子女教育咨询和辅导，为社区层面戒毒人员家属提供支援服务。

（3）社会功能恢复服务。增强社区层面戒毒人员人际沟通能力；协助社区层面戒毒人员拓宽社交圈；增强社区层面戒毒人员独立能力；协助社区层面戒毒人员就业，并保持职业稳定；协助社区层面戒毒人员养成健康的生活方式。

3. 防复吸服务方法

（1）药物替代，降解毒瘾。

临床研究表明，吸毒成瘾后的戒断具有稽延性，宜降不易断。自愿戒毒点将美沙酮作为传统毒品的替代药物，毒性相对海洛因、冰毒等较小，降低了对人体的伤害，须遵照医嘱使用。虽说替代品在一定程度上能降低生理依赖，但它依然是药品，无法逆转毒品对大脑的伤害，也就是无法根除"心瘾"，长期使用依然会产生依赖性。

（2）树立法治观念，建立正确的价值导向。

学习《中华人民共和国禁毒法》《中华人民共和国刑法》《戒毒条例》《中华人民共和国治安管理处罚法》中关于禁毒的内容，充分认清毒品危害，牢记国家惩治毒品违法犯罪的决心，增强防毒拒毒的信念，做好应对高危情境的准备；通过提高文化素养和道德品质，健全人格，丰富精神生活，挖掘个人价值，追寻自我实现来充实心灵，而无暇顾及毒品。

（3）养成健康的生活习惯，改善不良生活圈。

规律作息，减少生活中非必要的昼夜颠倒；断绝购买毒品的渠道，果断拒绝吸毒邀约；远离吸毒高风险人群以及之前建立的吸毒圈子，融入新的社会圈。

(4) 建立"厌毒"条件反射，培养"抗逆力"。

体验高危情境，开展危机教育，采用满灌疗法、厌恶疗法，建立吸毒成瘾人员对毒品恶心、厌恶的条件反射，捆绑奖赏机制，使拒毒成为一种本能。在此过程中，社会工作者要帮助吸毒成瘾人员提升抗逆力，促其专注于解决家庭困难且警钟长鸣，承担家庭角色无暇复吸，巩固亲情并获得爱与归属感。

(5) 整合家庭社会资源，健全社会支持系统。

社会支持系统越完善，可调动资源越多，吸毒人员所能获得的理解、尊重、关爱越多，就能越好地解决危机。良好的社会支持系统可以在个体遭遇巨大压力或高危情境时，提供物质和精神上的双重支持。除了家庭修复外，要鼓励戒毒康复人员积极参与禁毒宣传，现身说法，强化戒毒动机，得到社会的接纳与支持，克制本我，重塑自我。

(6) 掌握就业谋生技能，增强社会适应能力。

人的社会价值体现为生产力创造。在社区戒毒（康复）、强制隔离戒毒时，劳动习惯的矫正和就业能力的提高都是在为吸毒成瘾人员回归社会做准备。戒毒人员只有不断提高个人就业谋生技能，合法就业，才能维持个人生存和家庭发展，形成个体与社会的良性互动，个人和家庭才会被社会接纳，不断适应社会变迁；否则，成天无所事事，精神空虚，又会陷入想复吸的恶性循环。

(7) 倡导社会融入，消除社会歧视。

吸毒成瘾人员标签化客观存在且严重。社会歧视使吸毒人员感到无助、迷茫、被家庭社会抛弃，只能跟"欢迎"他们的毒友重聚在一起相互慰藉，以获得归属感和认同感，形成毒友症候群，寄希望于复吸毒品逃离现实世界，最终走向违法犯罪的深渊。因此，社会大众应当客观评价吸毒成瘾人员，在惩治违法行为同时，同情关爱这些受害者、病人，消除社会歧视，给他们自我救赎的机会，挽救他们，帮助他们回归家庭和社会。

综上所述，预防复吸是一项任务艰巨的系统性工程，没有一招制敌的办法，也没有一成不变的模式。社会工作者在帮助吸毒人员预防复吸的过程中，应致力于危机教育，扶危解困，倡导政策、制度支持。

【案例7—2："克己助人，抗逆重生"社区康复支持小组】

2019年，成都金牛区××街道社区康复工作站组建了一个主题为"克己助人，抗逆重生"的支持小组，笔者为项目督导之一。

组员招募：电话通知登记在册的社区康复人员，招募到2014—2019

年间强制隔离戒毒期满人员18人（含因病变更执行社区康复1人）。其中，4人未复吸，9人有期满后再次强戒史，5人为初次强戒。

小组任务：通过未复吸人员的成功经验，对比再次强戒人员的复吸经历，共同分析如何培养抗逆力，向期满5人提供支持，预防复吸。

分享过程：15人自愿佩戴面具，环坐交流。

主持人发言：今天在座的都是我们街道负责的戒毒康复人员，大家不用实名，畅所欲言地分享过往戒毒经历，无论对错，不要互相指责，坦然地面对过去，借鉴他人戒断经验，相互支持，避免他人重蹈覆辙。

1号：我吃的海洛因，吃了14年，父母走的时候我都在打针。现在身上有很多病，糖尿病、肝炎、脉管炎，你们看我的腿，跟火烧过一样。每次吃的时候感觉哪都不痛了，医生给我说，海洛因是抑制剂，吃的时候肯定不痛，一停哪都疼。确实，刚强戒的时候难受得很，住院了三个月，对症治疗病情控制得还好，那种疼也是两三个月才来一回，一年后几乎感觉不到疼了。现在不敢吃了，以前打海洛因的朋友死得差不多了，再吃一回戒断反应又是几个月，现在生活这么好，我还带了两个孙子，我还想再多活几年。

3号：2014年流行吃K粉，我吃了两年，社区戒毒两个月的时候抽尿检呈阳性，被送去强制隔离戒毒。强制隔离戒毒时离婚了，工作也丢了。带我吃K粉的是我发小，感情比亲哥还好，在我出来前两个月，他吸毒后把车停在高速路上，下车跳舞，被撞死了。一说吸毒我就想起他，所以出来我就再也没吃过K粉了。

7号：我吸食海洛因15年，劳教3次，强戒2次。都知道海洛因戒不掉，不吃全身感觉蚂蚁在爬，难受得很。我2014年最后一次强戒完，出来第二天朋友就请我吃饭，我去了，去了就喊我注射毒品，我开始是拒绝的，朋友说我不给面子，又说给我找条挣钱的路，我犹豫了，正准备吃，医院给我打电话，说八十多岁老母亲下病危通知书了，我不去没法做手术。等我陪我妈做完手术，再给朋友打电话，一直没人接，后来才晓得，我那天从那出来半个小时后，派出所就把他们几个抓了。那段时间抓得严，除了每个月尿检，还要毛发检测，哪敢吃嘛，你们又不是不晓得强戒那"味道"。又过了一年多，我去广东打工，那边更严，到处都买不到"药"，慢慢也就不吃了。

12号：我"溜冰"有8年，强戒了两次。第一次强戒，单位把我开除了，回来就没事做，每个月家里给我钱用，大部分在网上赌博输了。都晓得耍"老虎机"不"溜冰"熬不住，所以偷嘴了，在高速路口临时检查又被抓到了。第二次强戒，一回来我爸就把我带到他工地上，24小时把我守着，跟了个师傅学施工，每天累得很，晚上又不准出去耍。第二个月就跟强戒之前的女朋友结婚了，现在带了两个娃娃，生活很充实，我也很珍惜，也是当了父母才晓得我爸用心良苦。好多次朋友喊我去耍，我直接把电话拉黑了，对我来说，和老婆娃儿一起开心快乐比吸毒的快乐更多。

13号：我2016年签的社区戒毒，通知了我三次尿检，我都没去社区，抓我的时候，说我严重违反社区戒毒协议，直接签的强戒，我并没有复吸。

17号：2016年，我才21岁，刚好遇到世界杯，想通过网络赌球抽水挣快钱。每天晚上约几个老板在包间里吃K粉和摇头丸，不然一晚上那么长怎么熬得住，其实我也晓得那是毒品，我也不想吃，但是让你挣钱的都在吃，你不吃就不入流，不吃不行，钱是挣了不少，毒瘾也有了。

主持人：刚才大家的分享交流都是在直面自己的过去，无论对错，能够坦然面对过去的自己，就是迈出了新生的第一步，值得肯定。现在请各位任意选择一个组员，帮他分析复吸或是戒断的原因。

思考：
1. 为什么有人要佩戴面具？
2. 谁的复吸风险最高？谁最低？为什么？

（二）社会融入服务

（1）开展适合社区层面吸/戒毒人员的文化、体育、娱乐等各项活动，培养其兴趣爱好，提升其社会活跃度，丰富其社会生活。

（2）组织社区层面吸/戒毒人员参与各项禁毒志愿服务。

（3）支持社区层面吸/戒毒人员参与社区协商，为社区发展出谋划策。

（4）鼓励、培养戒毒成功人员成为朋辈辅导员，进行禁毒宣传和支援其他吸/戒毒人员。

（5）支持社区层面吸/戒毒人员参加社区组织的各类公益倡导活动。

【扩展阅读资料 7—2：全链条式禁毒社会工作服务模式】①

禁毒工作是一个复杂、系统的工作。吸毒既与个人意志、家庭结构、朋辈关系等因素有关，也与社会环境、多元文化影响有关。戒毒的成效，不是简单生理脱毒、隔离戒毒就能立竿见影的，家庭回归、社会适应、就业支持、身体康复及治疗等也是关键影响要素。因此，有必要搭建全链条式禁毒社会工作服务体系，以有利于戒毒者接受系统服务为出发点，探索社会工作介入服务全覆盖的模式。

全链条式禁毒社会工作服务体系主要包含两部分内容：第一部分是自愿戒毒、社区戒毒、强制隔离戒毒、社区康复等戒毒阶段的社会工作全介入，需建立社区戒毒社会工作服务、社区康复社会工作服务、强制隔离戒毒所驻点社会工作服务、自愿戒毒场域社会工作服务四个禁毒社会工作服务板块；第二部分是不同戒毒阶段间无缝衔接中的社会工作介入，促使强制隔离戒毒与社区康复、社区戒毒与自愿戒毒等措施之间的功能连接，让戒毒工作成效更具延续性。

一、不同戒毒措施中的社会工作全介入

在我国自愿戒毒、社区戒毒、强制隔离戒毒、社区康复四大戒毒措施中，每个阶段戒毒康复者有不同的生理、社会、心理行为特点，禁毒社会工作服务内容亦随之有不同侧重。

1. 自愿戒毒场域下的跨专业合作模式

自愿戒毒场所的戒毒人员会在专业人士的综合干预下，在规定的时间和场域下进行戒毒康复。专业人士的综合评估及干预以服务对象的身体情况及个别化需求为出发点，由医生、护士、康复理疗师、禁毒社会工作者等不同专业人士进行介入。禁毒社会工作者应重视与医务人员进行跨专业的合作，医生关注治疗者生理脱毒动态情况、诊断并制订治疗者服药计划、主持入组评估等。禁毒社会工作者根据治疗者服药情况，开展个案及家庭辅导，促使戒毒人员减少乃至停止使用毒品，提高其回归社会的能力。跨专业的"医社"合作模式，保障治疗者在身心康复方面得到全方面关注。

---

① 广东省广州市北斗星社会工作服务中心：《全链条式禁毒社会工作服务模式》，《中国禁毒报》，2022年1月12日第5版。

2. 强制隔离戒毒场所内的宣教与辅导

强制隔离戒毒措施具有较强的封闭性及纪律性，这种特点及属性可以帮助戒毒学员戒除生理毒瘾、习得新知识、矫正不良行为及心理。但两年的强制隔离戒毒生活经验也让戒毒学员脱离社会，失去部分社会及家庭角色，出所后仍旧会面临高危情境及不良朋辈的诱惑、求职困惑、家庭及社会关系重建等问题。禁毒社会工作者、心理咨询师等第三方的专业服务恰好可以给戒毒学员一个认识社会变化、学习新知识、矫正不良行为、情绪疏导方面的窗口。禁毒社会工作者在强制隔离戒毒场所常见的宣教及辅导内容会涉及法律法规及政策教育、就业辅导、心理辅导、自我认知教育、高危情境识别与应对等板块，采用集中授课、小组工作、个别辅导的方式开展工作。

3. 社区戒毒社区康复项目服务

处于社区戒毒社区康复的戒毒人员有相关操守执行要求，禁毒社会工作者在开展服务过程中，一方面要协助做好基础管控工作，促使戒毒康复人员保持良好操守，预防复吸；另一方面要坚持服务的职能，在个人、家庭、社会适应方面给予戒毒康复人员支持和辅导，并开展预防倡导性工作，营造无毒社会环境。在协助管控与专业服务两大功能并重的原则下，禁毒社会工作者在社区戒毒、社区康复方面主要提供以下七大服务：基础工作、就业安置、身心康复、能力提升、家庭辅导、出所对接、宣传教育。

二、无缝衔接中的社会工作服务

1. 场域间的无缝衔接

戒毒人员解除强制隔离戒毒并收到社区康复决定书或者社区康复通知书后，应到户籍所在地或现居住地乡（镇）人民政府、城市街道办事处报到，签订社区康复协议。"是否顺利到户籍所在地或现居住地乡（镇）人民政府、城市街道办事处报到"以及"是否成功签订社区康复协议"是社区康复工作中的一个很关键环节。刚出所的戒毒人员容易有复吸、居无住所、迷茫与畏缩等问题，若不能加以引导及帮助，容易重蹈覆辙或陷入生活困顿。因此，在无缝衔接过程中，社会工作机构应积极参与不同场域间的无缝衔接，实现出所学员到社区的无缝衔接。

出所前评估：出所前三个月，禁毒社会工作者需要对戒毒人员的心理状况和需求进行评估，探寻维持操守的动机；宣讲社区康复相关政策；建立档案，以便对服务对象出所后进行持续的跟进追踪，为出所后服务打下基础。

出所无缝接送：由各级禁毒办或委托的社会服务机构对出所学员进行出所接送，确保100%准确地接出所，以及送至户籍所在地，以避免戒毒人员出所后脱失、复吸、面临生存压力等问题。

协议签署：戒毒人员被送至户籍地后，在民警、禁毒社会工作者等安排下，签订相关对接资料、法律文书，从而正式开始实施社区康复。在协议签署环节，禁毒社会工作者应鼓励戒毒人员家属参与，让家属知悉社区康复的相关规定，与禁毒工作人员一道监督戒毒人员定期报到、遵纪守法；关心支持戒毒人员的家庭和社会回归。

2. 专业服务的无缝衔接

不同禁毒措施有不同执行主体，跟进社会工作者容易造成辅导工作不连续、专业关系重复建立、对戒毒者信息了解不全面等问题，不利于针对戒毒者问题开展持续、系统的辅导计划。对此，我们有必要引入个案管理思维，打破服务割裂：以具体某个戒毒人员为个案管理对象，在强制隔离戒毒、社区回归、美沙酮服药等方面，由专门禁毒社会工作者进行系统跟进。

服务前置：社区内的禁毒社会工作者对在所学员进行出所前介入，即社区戒毒社区康复项目社工提前入所，对戒毒学员开展个案辅导、家庭关系协调、制订出所适应计划等工作。

服务后移：戒毒所内的禁毒社会工作者回访跟进出所学员。戒毒所内的禁毒社会工作者回访跟进戒毒人员在社区的操守维持、社会回归、救助帮扶等方面情况，与社区禁毒专干、社区禁毒社会工作者协作，对戒毒人员进行面谈或帮扶，鼓励其维持更良好工作生活状况。

个案转介及合作：对于申请药物维持治疗、自愿戒毒的服务对象，禁毒社会工作者应就戒毒者需求、申请入组/入院、社区操守情况与相关戒毒机构进行及时沟通，以促使戒毒人员得到更系统、全面的专业服务。

总体来说，全链条式禁毒社会工作服务体系致力于构建系统的禁毒社会工作服务体系，让社会工作者有机会参与不同场域下的禁毒工作。同时，积极促使不同禁毒措施间的联系和合作，以提升专业服务延续性及有效性。

第八章 禁毒社会工作内容（三）：禁毒宣传教育

本章通过讲解禁毒宣传教育的对象、方式及内容，开展禁毒宣传教育的必要性与可行性分析，介绍禁毒宣传教育的四种主要途径，明确禁毒社会工作发展导向。

第一节 禁毒宣传教育概述

要准确定位禁毒宣传教育的对象，采取相适应的宣传教育引导方式，科学禁毒，保障禁毒工作长治久效。

一、禁毒宣传教育的对象和环节

禁毒宣传教育的对象是社会全体公民。
禁毒宣传教育的重点对象是青少年群体。
禁毒宣传教育的重点环节包括家庭、学校、单位和社区。

二、禁毒宣传教育的方式

（1）家庭、学校、单位和社区需主动配合禁毒单位开展宣传，深入学习，形成联动机制。
（2）新闻、出版、文化、广播、电影、电视等媒体，有针对性地面向社会进行禁毒宣传教育。
（3）拓展互联网及自媒体的禁毒宣传工作，加强积极正面的舆论导向，倡导积极向上的社会价值观，营造健康和谐的禁毒舆论氛围。

三、禁毒宣传教育的基本内容

开展全民禁毒教育，重点围绕毒品常识及危害、禁毒法规与政策、戒毒康复常识、毒品预防和艾滋病防治等主题展开。具体包括以下内容：

（1）通过形式多样的宣传方式和手段，针对不同场所、不同群体开展多元化的禁毒宣传和教育，提高社会大众的拒毒防毒意识。

（2）对易染毒高危人群进行有针对性的专业宣传。

（3）为有需要的自愿戒毒人员、强制隔离戒毒人员、社区层面吸/戒毒人员及其家属开展讲座、培训，介绍毒品有关知识及吸毒相关传染疾病的危害、传播途径、预防及治疗方法等资讯。

（4）开展禁毒倡导活动，倡议民众接纳吸/戒毒人员，减少社会歧视和偏见，构建友善的社会环境；分析有关禁毒管理政策，结合禁毒实务研究，向政府提出有关政策建议。

第二节　禁毒宣传教育的必要性与可行性

开展禁毒宣传的必要性与可行性分析，是禁毒工作的理论保障。

一、开展禁毒宣传教育的必要性

（一）预防和减少犯罪

《中华人民共和国禁毒法》要求，为了预防和惩治毒品违法犯罪行为，保护公民身心健康，维护社会秩序，国家实行预防为主，综合治理，禁种、禁制、禁贩、禁吸并举的禁毒方针政策。国家采取各种形式开展全民禁毒宣传教育，普及毒品预防知识，增强公民的禁毒意识，提高公民自觉抵制毒品的能力。

中国人民的禁毒战争早在近两百年前就轰轰烈烈地打响，时代在发展，毒品也在不断"进化"。不少禁毒斗士、缉毒英雄为此付出了鲜血和生命。采取行之有效的禁毒宣传和戒毒方法，预防和减少复吸，可以遏制毒品的泛滥，不仅可保障禁毒工作者的生命安全，也可维护社会秩序的稳定。

（二）根治毒瘾，拯救生命

全社会每年投入大量的人力、物力、财力开展禁毒戒毒工作，毒品泛滥问题虽然一定程度得到控制，但仍然会有新型毒品和新的吸毒人群出现。追根溯源，只有不吸毒，人们普遍具备"识毒、拒毒、抗毒"的意识和能力，才能事半功倍。因而，只有持续不断地开展禁毒宣传教育，才能让一代代人都时刻警惕和远离千变万化的毒品，拥有一个完整健康的人生。

（三）消除歧视，促进社会稳定

《中华人民共和国禁毒法》要求，戒毒人员在入学、就业、享受社会保障等方面不受歧视。有关部门、组织和人员应当在入学、就业、享受社会保障等方面对戒毒人员给予必要的指导和帮助。有关单位及其工作人员在入学、就业、享受社会保障等方面歧视戒毒人员的，由教育行政部门、劳动行政部门责令改正；给当事人造成损失的，依法承担赔偿责任。

法律虽有据可循，但当下社会上一些人对戒毒人员的认知依旧停留在"一朝吸毒、终身戒毒"的观念中，认为吸毒是个人行为，而不考虑他们吸毒成瘾的家庭和社会因素，忽视了他们的个人价值和社会价值，导致个人利益和社会利益冲突，造成社会资源损失。

社会应当承认吸毒人员作为社会成员的权利和价值，这需要各行各业共同努力，帮助这些受害者、病人脱离毒品的控制，做一个生理心理得到正常满足的人、被需要的人，一个对家庭、社会有积极贡献的人。长此以往，毒品才能慢慢从我们身边销声匿迹。

二、禁毒宣传教育的可行性

（一）政策支持

全面深入实施中共中央办公厅、国务院办公厅于 2018 年 12 月 4 日发布的《关于加强新时代全民禁毒宣传教育工作的指导意见》，建立健全全民毒品预防教育工作体系，把毒品预防教育纳入公民道德、法律、科普和健康教育重要内容，列入各级党校和行政学院的教学大纲及干部培训计划。国家鼓励公民、组织开展公益性的禁毒宣传活动；国家鼓励志愿人员参与禁毒宣传教育和戒毒社会服务工作；国家要求地方各级人民政府对志愿参加禁毒工作的人员进行指导、培训，并提供必要的工作条件。

（二）成效显著

近些年，国家开展禁毒宣传教育，传统毒品的市场严重萎缩，吸食的人也越来越少；静脉注射、共用注射器等不洁吸毒方式得到有效控制，吸毒导致的艾滋病传播明显减少。

（三）经验丰富

虽然新型毒品千变万化，伪装多，难以及时防范，但我们有无数英勇的禁毒工作者扎根在一线，针对毒品特征、吸毒成瘾、戒毒康复以及预防复吸开展了深入的研究，总结了宝贵的禁毒经验。如今，人们的毒品辨识和防范能力已经明显提升。

第三节　禁毒宣传教育的途径

禁毒宣传教育要深入家庭、学校、单位和社区，形成立体结构，凝聚合力，发挥最大功效。

一、禁毒宣传教育进家庭

《中华人民共和国禁毒法》要求，未成年人的父母或者其他监护人应当对未成年人进行毒品危害的教育，防止其吸食、注射毒品或者进行其他毒品违法犯罪活动。

（一）家庭问题是吸毒人员成瘾的重要影响因素

吸毒成瘾跟其家庭失范、失能密不可分。家庭失范导致吸毒人员家庭角色失位，无法获得正确学习参照，脱离伦理道德规范，不清楚角色定位，形成错误认知行为；家庭失能导致成员结构不稳定，约束力降低，生理心理支持力削弱，缺乏归属感，无法应对高危情境。

（二）吸毒成瘾人员会严重损害家庭结构稳定及发展能力

吸毒成瘾人员长期使用毒品致使亲人疏离、人际关系紧张，亲情无法修复，无视道德规范，产生恶性循环，最后自暴自弃。吸毒成瘾人员主要是青壮年群体，是家庭的支柱，成瘾后严重影响其在家庭中扮演的角色，无法履行家庭义务，加重家庭经济负担，甚至导致家破人亡。妇女怀孕时吸毒将影响胎儿的正常发育，导致新生儿先天畸形甚至产生先天性毒瘾。

（三）家庭是吸毒人员戒毒必备的生态支持系统

家庭与单位、学校、社区共同构建了吸毒人员生态支持系统。家庭是吸毒人员生理依赖、心理支持、规范行为的主要情境。修复家庭亲情、正确定位家庭角色、形成有效沟通、激发成员潜能、恢复家庭主要功能、承担家庭责任是减少戒毒人员复吸、促使吸毒人员戒毒的重要措施。

（四）家庭是吸毒人员提高社会参与的重要途径

家庭是社会基本单位，其成员通过广泛的社会参与构建了紧密的社会网络，人们在此网络中不断交流、付出与获得。以家庭为基石，广泛开展社会参与，让吸毒人员承担多重社会角色，全面提高其社会功能，充分发现自我价值，获得更多自我实现，替代毒品带来的短暂快感。

（五）恢复吸毒人员家庭功能是社会全面治理的重要举措

吸毒人员因长期滥用药物成瘾，生理受损、心理扭曲，逐渐导致其社会角色失调、社会功能退化、社会危害风险增加，个人利益与社会整体利益严重冲突，个人行为与社会价值体系背道而驰。通过亲情修复，家庭形成良性互动，发挥家庭整体社会价值是社会全面治理的重要任务。

【扩展阅读资料 8-1：家庭教育——了解吸毒的主要原因】

（1）无知和轻信。调查表明，在吸毒者中，有80%以上是在不知道新型毒品危害的情况下吸食毒品的。

（2）贪慕虚荣、赶时髦。错误的人生观导致许多年轻人误将吸毒视为时髦、气派，是高档消费和富有的象征，最终断送了他们本来美好的前程。

(3) 借助吸毒逃避现实，寻求解脱。一些人试图借吸毒逃避现实，寻求解脱。这种不积极的心态，其结局只能是登上"死亡快车"。

(4) 交友不慎。许多年轻人染毒是因为周围不良影响，坚决拒绝这种不良影响是唯一的选择。

(5) 赌气或逆反心理。"你不让我干，我偏要试试"的逆反心理，不服气、不甘心、不认同的较劲儿心理，在许多青少年中普遍存在。你说毒品可怕，我就不怕；你说吸毒难戒，我就吸给你看。正是这种逆反心理，促使一些年轻人跳进了火炕。

二、禁毒宣传教育进校园

《中华人民共和国禁毒法》规定，教育行政部门、学校应当将禁毒知识纳入教育、教学内容，对学生进行禁毒宣传教育。公安机关、司法行政部门和卫生行政部门应当予以协助。

近年来，全国禁毒部门坚持预防为先，深入开展青少年毒品预防教育工程，23万所学校的9960多万名学生接受毒品预防教育，在校学生禁毒知识知晓率达96%以上，在全社会营造了"健康人生、绿色无毒"的浓厚氛围，青少年的识毒、防毒、拒毒能力显著增强[①]。

（一）禁毒宣传教育进校园的必要性和重要性

1. 青少年吸食者是最大吸毒群体

青少年是家庭的希望、国家的未来。《2019年中国毒品形势报告》的数据显示，我国18岁到35岁的吸毒人员104.5万名，占比48.7%。国家规定，从义务教育阶段开始，各教育单位每年至少开展一次禁毒教育活动，普及禁毒知识。

2. 青少年吸毒成瘾性强、戒断难

人类大脑发育会在30岁前达到峰值，在此之前人的大脑有多种可塑性，

---

① 熊丰、罗沙、刘硕：《不断夺取禁毒人民战争新胜利——我国禁毒工作稳中有进形势持续向好》，https://www.gov.cn/xinwen/2021-06/26/content_5621052.htm。

此时使用毒品会造成情感、感觉、记忆、运动协调等功能分区的结构性损伤，且不可逆转。因此，青少年吸毒成瘾性与大脑功能发挥联动，烙印性强，也就是大家所说的"终生想毒"，所以戒断难。

3. 青少年因使用毒品违法犯罪率高，性质恶劣

跟毒品有关的青少年违法犯罪主要包括贩卖、运输毒品，非法持有毒品，盗窃、抢劫、强奸、聚众淫乱等，具有暴力性质，社会影响恶劣。

（二）禁毒宣传教育进校园的内容及方法

【案例8—1：上海市青少年禁毒的社会工作干预计划】[①]

1. 工作目标

本计划旨在向青少年提供有关毒品的知识，培养其抵制毒品诱惑的个人技能和社会技能，增强其个人功能和社会功能，消除吸食毒品的心理诱因，并通过具体活动协助他们学习到认知—行为技巧，以建立自尊，抵制各种影响，控制焦虑情绪，领悟有效沟通，发展个人关系和维护个人权利。

具体而言，本计划希望达成两个层面的目标：（1）在认知层面，为学生提供有关毒品的知识和青少年吸毒的信息，解释青少年吸毒的原因，使他们认识吸毒的危险和后果；向老师和家长提供有关吸毒和预防青少年吸毒的知识。（2）在行为层面，增强学生抵制毒品、自我管理和自我决定的能力，增强老师应对毒品问题的能力，促使家长更有效地关注孩子的日常行为。

2. 基本思路

以系统理论、社会学习理论和充权理论为基础，整合教育性干预模型和社会技能干预模型，通过传播知识，引导学生树立反对毒品的态度，培养他们应对毒品的行为和能力。

3. 工作内容

教育性干预以认知方法为基础。警察或大学教师可以通过模型描述和

[①] 顾东辉、童红梅、朱燕敏等：《远离毒品：青少年禁毒的社会工作干预》，《社会》，2004年第12期，第42页。

展示毒品的危害，讲解相关知识，展示药丸、植物、针管等其他与毒品有关的物品。在这个干预计划中，所有学生和老师都须参与一次名为"毒品与青少年"的讲座，以期对毒品害处有基本认识。与此同时，社会工作者可进一步在学生班级小组中介绍毒品危害的知识。此外，也可在布告栏里张贴一些有趣动人的海报。期中考试后第一周还应举行全校性毒品知识竞赛，以巩固学生从讲座和班级小组活动中所学知识。以上活动，促使学生形成对毒品和吸毒的反对态度。

社会技能训练干预则以行为方法为基础，旨在帮助青少年学习相应的、符合社会规范的方法，以面对生活困境。训练内容包括：应对技能（如拒绝毒品的技能、抵制吸毒同伴的压力）、沟通技能（如非言语沟通、自决能力、谈判和处理争端的能力）、解决问题技能、情绪管理、松弛训练、社会网络开发、业余时间安排等。该干预模型强调社会技能训练，并致力于向学生提供尽可能多的进步机会。开展专门的工作（如角色扮演、故事分享、小组讨论、演示），以达到学生的应对能力有明显提升的目的。

【扩展阅读资料8-2：学校教育小贴士】

（1）辨识海洛因、冰毒、氯胺酮等常见毒品，充分认识了解毒品的危害。

（2）不要进入治安复杂场所，有警觉戒备意识，对诱惑提高警惕，防范被投毒。

（3）不要盲目攀比、盲目追求时尚，以免误入新型毒品陷阱。

（4）患者遵照医嘱治疗，不要滥用药品（减肥药、兴奋药、镇静药等）。

（5）加强心理疏导和朋辈群体正向引导，积极应对青春期、焦虑期和挫折。

（6）发挥主观能动性，赋予责任感和使命感，积极参与禁毒活动，从被禁毒到主动禁毒。

三、禁毒宣传教育进单位

《中华人民共和国禁毒法》规定，国家机关、社会团体、企业事业单位以及其他组织，应当加强对本单位人员的禁毒宣传教育。

第八章　禁毒社会工作内容（三）：禁毒宣传教育

（一）重点场所

飞机场、火车站、长途汽车站、码头以及旅店、娱乐场所等公共场所的经营者、管理者，负责本场所的禁毒宣传教育，落实禁毒防范措施，预防毒品违法犯罪行为在本场所内发生。

娱乐场所及其从业人员实施毒品违法犯罪行为，或者为进入娱乐场所的人员实施毒品违法犯罪行为提供条件，构成犯罪的，依法追究刑事责任；尚不构成犯罪的，依照有关法律、行政法规的规定给予处罚。娱乐场所经营管理人员明知场所内发生聚众吸食、注射毒品或者贩毒活动，不向公安机关报告的，依照前款的规定给予处罚。

《中华人民共和国刑法》规定，走私、贩卖、运输、制造毒品，无论数量多少，都应当追究刑事责任，予以刑事处罚。

（二）生产流通环节

《中华人民共和国禁毒法》规定，在麻醉药品、精神药品的实验研究、生产、经营、使用、储存、运输、进口、出口以及麻醉药品药用原植物种植活动中，违反国家规定，致使麻醉药品、精神药品或者麻醉药品药用原植物流入非法渠道，构成犯罪的，依法追究刑事责任；尚不构成犯罪的，依照有关法律、行政法规的规定给予处罚。

《中华人民共和国禁毒法》规定，在易制毒化学品的生产、经营、购买、运输或者进口、出口活动中，违反国家规定，致使易制毒化学品流入非法渠道，构成犯罪的，依法追究刑事责任；尚不构成犯罪的，依照有关法律、行政法规的规定给予处罚。

《寄递企业安全防范要求》及《禁止寄递物品管理规定》指出，寄递物流行业必须坚持"三项制度"：100%实名登记制度，要求对办理托运业务客户的身份证及其他证件进行查验，并录入寄件人、收件人姓名、住址、联系电话等相关信息，寄递物流企业从业人员应当掌握违禁物品的形状、性能及辨识要领；100%开箱验视制度，认真开展托运物品的开包、开箱检查，在查验时发现有可疑物品的，及时向当地公安机关报告；100%X光验视制度，必须在货物收寄、分拣环节安装X光机设备，100%对货物进行X光机验视。

（三）禁毒执法环节

公安机关、司法行政部门或者其他有关主管部门的工作人员在禁毒工作中有下列行为之一，构成犯罪的，依法追究刑事责任；尚不构成犯罪的，依法给予处分：包庇、纵容毒品违法犯罪人员的，对戒毒人员有体罚、虐待、侮辱等行为的，挪用、截留、克扣禁毒经费的，擅自处分查获的毒品和扣押、查封、冻结的涉及毒品违法犯罪活动的财物的。

（四）社会接收环节

有关单位及其工作人员在入学、就业、享受社会保障等方面歧视戒毒人员的，由教育行政部门、劳动行政部门责令改正；给当事人造成损失的，依法承担赔偿责任。

四、禁毒宣传教育进社区

《中华人民共和国禁毒法》规定，居民委员会、村民委员会应当协助人民政府以及公安机关等部门，加强禁毒宣传教育，落实禁毒防范措施。

（一）深挖源头，根治毒品

国家对麻醉药品药用原植物种植实行管制。禁止非法种植罂粟、古柯植物、大麻植物以及国家规定管制的可以用于提炼加工毒品的其他原植物。禁止走私或者非法买卖、运输、携带、持有未经灭活的毒品原植物种子或者幼苗。

地方各级人民政府发现非法种植毒品原植物的，应当立即采取措施予以制止、铲除。村民委员会、居民委员会发现非法种植毒品原植物的，应当及时予以制止、铲除，并向当地公安机关报告。

（二）社区联动，主动禁毒

国家鼓励公民举报毒品违法犯罪行为。各级人民政府和有关部门应当对举报人予以保护，对举报有功人员以及在禁毒工作中有突出贡献的单位和个人，给予表彰和奖励。

社区（村集体）是一级基层组织，人民有能力也有责任主动禁毒，加强政府职能机构和基层社会组织联动，警民协同，打击和治理毒品犯罪。

（三）志愿服务，共同治理

志愿服务是全民禁毒的重要途径。国家鼓励志愿者参与禁毒宣传教育和戒毒社会服务工作。地方各级人民政府应当对志愿者进行指导、培训，并提供必要的工作条件。

倡导禁毒志愿者的广泛参与，发挥多行业职业和技能优势，是禁毒工作社会化的重要措施。

禁毒志愿者队伍建设主要包括以下内容：

（1）禁毒志愿者招募。制定禁毒志愿者招募要求、招募方式、申请流程，做好禁毒志愿者信息登记。

（2）禁毒志愿者培训。组织禁毒志愿者参与禁毒专题培训，使其具备基础的禁毒服务能力。

（3）禁毒志愿服务参与。组织禁毒志愿者参与禁毒志愿服务，为吸/戒毒人员或社区居民提供服务。

（4）禁毒志愿者激励。通过团队建设、总结会、答谢会、表彰会等形式，强化志愿者参与禁毒志愿服务的动机，建立稳定活跃的禁毒志愿者队伍。

在禁毒志愿者队伍中，有一群特殊的朋辈辅导员。他们是经过相关训练，自愿参与禁毒宣导、教育工作以及通过自身成功戒毒经验帮扶他人的戒毒康复人员。培养他们的目的是帮助其更好地维持戒毒操守，并为其他吸/戒毒人员提供榜样力量。他们对社会大众进行宣导，促使社会大众对吸/戒毒人员有正确的认知，从而让吸/戒毒人员更好地融入社会。同时，他们的现身说法让社会大众对毒品的危害有清晰的认知，提升拒毒防毒意识。让朋辈辅导员开展禁毒公益事业这一方法称为同伴教育，在禁毒社会工作中得到了有效的运用。

【扩展阅读资料8—3：上海市自强服务总社的禁毒宣传活动】[①]

自强总社和各工作站结合相关时间节点，积极协同市、区和街镇相关部门精心设计形式多样的禁毒主题宣传活动，进社区、进家庭、进学校、进场所、进工地和企事业单位，深入美沙酮门诊部、强制隔离戒毒所等各类场所，面向重点单位，面向职校生、留学生等重点人群，在地铁、广场、大型超市等人流密集处广泛开展毒品预防教育工作，努力营造全社会关注、支持和参与禁毒工作的浓厚社会氛围。利用自身资源优势，积极参与青少年毒品预防教育和社区禁毒宣传教育，总社和各工作站共有205名社工担任校外辅导员或者学校禁毒宣传员，协同打好"6·27"工程攻坚战。

---

① 历济民、陈慧：《上海16年禁毒专业化之路》，《中国禁毒报》，2019年9月24日第1版。

【扩展阅读资料8—4：社区禁毒小贴士——识别异常情况】

（1）人员及行踪异常。租房登记与实际租房人员不相符，经常有陌生人出入的出租房。

（2）生活异常。一次性采购多人生活用品或是长期依赖外卖服务，夜间活动频繁。

（3）环境异常。刺激性气味和用水用电量激增。

（4）安防设施异常。房内砌墙或窗户多方位遮挡，多角度安装有摄像探头。

（5）物品异常。私人购置或堆积大量化学器具、存储罐、塑料桶等。

参考文献

[1] 熊丰,罗沙,刘硕.不断夺取禁毒人民战争新胜利——我国禁毒工作稳中有进形势持续向好[EB/OL].(2021-06-26)[2024-01-09].https://www.gov.cn/xinwen/2021-06/26/content_5621052.htm.

[2] 范志海,焦志勇,战奕霖.禁毒社会工作的本土化经验及其反思——以上海为例[J].华东理工大学学报(社会科学版),2011,26(5):36-40+104.

[3] 范志海."过渡社会工作模式"的建构与上海禁毒经验[J].社会科学,2005(6):72-78.

[4] 范志海.社会工作在社会政策建构中的角色——以上海禁毒社会工作制度创新为案例的分析[J].华东理工大学学报(社会科学版),2005(1):35-38.

[5] 费梅苹,洪佩.近十年我国禁毒社会工作研究的概况与前瞻——基于CNKI的文献计量分析(2006—2015)[J].中国社会工作研究,2017(1):34-53+209.

[6] 费梅苹.本土化视野下社区戒毒康复社会工作服务研究——以上海同伴教育为例[J].华东理工大学学报(社会科学版),2017,32(1):33-42.

[7] 费梅苹.打造一支具有专业素养的禁毒社会工作者队伍[J].中国社会工作,2018(25):22-23.

[8] 顾东辉,童红梅,朱燕敏,等.远离毒品:青少年禁毒的社会工作干预[J].社会,2004(12):42-45.

[9] 广州市北斗星社会工作服务中心.全链条式禁毒社会工作服务模式[N].中国禁毒报,2022-01-12(5).

[10] 洪佩,费梅苹.我国禁毒社会工作的发展路径研究——基于帕森斯AGIL模型的阐释[J].社会工作与管理,2017,17(1):78-83.

[11] 李佳叶,刘静林.广东禁毒社会工作发展历程、经验与反思[J].中国

社会工作，2022（25）：43-44.

[12] 李晓凤，马瑞民. 我国戒毒社会工作的发展历史及实务运作模式初探［J］. 社会工作与管理，2014，14（4）：5-10.

[13] 李晓凤. 禁毒社会工作的"精细化"标准研究：以珠江三角洲地区为例［M］. 北京：中国社会出版社，2017.

[14] 厉济民，陈慧. 上海16年禁毒专业化社会化之路［N］. 中国禁毒报，2019-09-24（1）.

[15] 刘静林. 禁毒社会工作理论与方法［M］. 北京：中国社会出版社，2016.

[16] 刘静林. 禁毒社会工作实务与案例［M］. 北京：中国社会出版社，2016.

[17] 莫关耀，房方. 禁毒社会工作实务指南［M］. 北京：中国社会出版社，2021.

[18] 莫关耀，冯恩健. 创新社会治理视域下禁毒社会工作本土化实践与反思——以昆明市为例［J］. 河南警察学院学报，2023，32（12）：20-27.

[19] 莫关耀，莫涵. 社会治理中我国禁毒路径选择［J］. 中国人民公安大学学报（社会科学版），2023，39（3）：149-156.

[20] 莫关耀，曲晓光. 禁毒社会工作［M］. 北京：中国人民公安大学出版社，2017.

[21] 莫关耀. 什么是禁毒社会工作？［EB/OL］.（2022-03-22）［2024-01-15］. http://www.nncc626.com/2022-03/22/c_1211617313.htm.

[22] 潘泽泉. 禁毒社会工作基础知识［M］. 北京：中国社会出版社，2016.

[23] 全国社会工作者职业水平考试教材编委会. 社会工作实务（中级）［M］. 北京：中国社会出版社，2023.

[24] 全国社会工作者职业水平考试教材编委会. 社会工作综合能力（中级）［M］. 北京：中国社会出版社，2023.

[25] 任文启，魏治. 拟制的高峰体验与内在意义感的重构和维系：同伴教育戒毒模式机理探析［J］. 兰州学刊，2020（12）：181-190.

[26] 深圳市温馨社工服务中心，深圳市龙岗区彩虹社会工作服务中心. 深圳社工禁毒戒毒领域服务报告［R/OL］.（2021-03-18）［2024-01-15］. https://www.sohu.com/a/45624108_99904059.

[27] 沈黎. 支持与应对：家庭为本的青少年戒毒社会工作模式研究［J］. 中国青年研究，2009（3）：43-46+8.

[28] 万艳，张昱. 我国强制隔离戒毒制度与实践的断裂与重构［J］. 云南大学学报（社会科学版），2019，18（2）：123-130.

[29] 王高喜. 建构中国特色禁毒社会工作体系［N］. 中国禁毒报，2020-08-14（5）.

[30] 王高喜. 禁毒社会工作者知识技能手册［M］. 北京：中国社会出版社，2021.

[31] 王曙文. 加强禁毒社会工作者队伍建设的思考［J］. 云南警官学院学报，2022（1）：9-12.

[32] 王曙文. 禁毒社会工作发展困境与对策研究——以云南为例［J］. 云南警官学院学报，2019（6）：19-22.

[33] 香港社会服务发展研究中心. 禁毒社会工作实务手册［M］. 广州：中山大学出版社，2013.

[34] 张丽芬. 社会工作与戒毒人员回归社会——一个基于抗逆力视角的分析［J］. 甘肃社会科学，2015（5）：126-129.

[35] 张兴杰. 戒毒社会工作［M］. 北京：中国社会出版社，2020.

[36] 张莹，王玥. 中国禁毒社会工作的历史沿革研究综述［J］. 中国药物依赖性杂志，2014，23（2）：156-160.

[37] 张昱，胡鹏. 需求治理视角下吸毒人员社区康复研究［J］. 湖南科技大学学报（社会科学版），2015，18（4）：63-67.

[38] 张昱，万艳. 政策发展与禁毒社会工作制度构建［J］. 江西社会科学，2019，39（2）：239-248.

[39] 张昱，闫紫菱. 同伴教育模式助推戒毒人员融入社会的有效性探究——基于上海市禁毒同伴教育的实践［J］. 中国人民公安大学学报（社会科学版），2022，38（1）：1-11.

[40] 张月，莫关耀. 我国禁毒社会工作文献研究综述——基于CNKI文献的CiteSpace可视化分析（1998—2018）［J］. 中国药物滥用防治杂志，2020，26（2）：68-75.

[41] 赵芳. 社区戒毒社会工作模式的探索与实践［J］. 社会工作与管理，2015，15（5）：5-13+87.

[42] 中国国家禁毒委员会办公室. 2022年中国毒情形势报告［EB/OL］.（2023-06-21）［2024-01-15］. http://www.nncc626.com/2023/06/21/c_1212236289.htm.

[43] 钟莹，刘传龙.《禁毒法》背景下的社区戒毒工作与社会工作介入［J］

江西师范大学学报（哲学社会科学版），2011，44（3）：109-113.
[44] 朱晓莉. 揭秘毒品真相（33）：禁毒法律的完善 [EB/OL]. （2023-04-17）[2024-01-15]. https://www.163.com/dy/article/I2IEQ5120514JPDH.html.
[45] 邹文开，王婴. 社会工作实务操作手册：药物滥用社会工作、社区矫正社会工作 [M]. 北京：中国社会出版社，2015.

后 记

2008年《中华人民共和国禁毒法》以立法的方式明确了禁毒是全社会的共同责任。《关于加强禁毒社会工作者队伍建设的意见》提出，禁毒社会工作是禁毒工作的重要组成部分，是推进毒品问题治理体系和治理能力现代化的必然要求。

本教材作者之一付益强于2011年进入司法行政系统从事戒毒工作至今，一直致力于吸毒成瘾人员的治疗、管理工作，深感很多地区的禁毒工作正面临着专业人才缺乏、戒毒康复理念较为陈旧、系统性工作方法缺乏等困境。因此，开展禁毒社会工作专业教育，撰写禁毒社会工作教材，具有十分重要的意义。为了更好地贯彻禁毒社会工作人才队伍建设的要求，结合我国禁毒社会工作人才培养的需求以及学校的教学实际，我们编写了本教材。

本教材以《中华人民共和国禁毒法》《戒毒条例》等法律法规为指导，概要介绍禁毒社会工作的理论与方法。本教材的主要特色如下：

第一，编写团队多元化。本教材由高校长期担任课程教学的任课教师与长期在司法行政系统从事戒毒工作、具有丰富禁毒社会工作实践的实务人员合作完成，比较适合专业学位研究生与职业领域接轨，培养实务能力突出的应用型人才。

第二，基础知识与案例相结合。市面上的教材普遍注重基础知识的介绍，缺乏具体的案例，学生在阅读教材的时候一方面会感觉比较枯燥，另一方面对基础知识的具体运用缺乏感性的认识。因此，本教材内容以《中华人民共和国禁毒法》《戒毒条例》等法律法规为指导，结合禁毒社会工作理论与实务，分析典型案例。将基础知识与案例相结合的内容既可增强学生阅读的兴趣，又可以让学生了解到所学的基础知识如何运用在具体的实务中。

第三，重视本土社会工作知识经验的总结。社会工作专业知识贯彻来源于西方，受西方文化制度的影响。伴随着中国部分地区开始开展社区实践、社会工作职业化的初步探索，社会工作本土化作为一个课题成为研究者和实践者努力的方向：社会工作作为一个专业，该如何与发展中的社会工作实务接轨；社会工作作为一个职业，该如何与中国的党情、国情、社情相融合。本教材基于编者长达近10年对累计1.5万余名戒毒康复人员的实证研究，对成都本土的禁毒社会工作实务经验进行了总结和梳理。

  本教材由谭祖雪、付益强共同提出编写大纲，各章撰写人员分别是：谭祖雪负责第二章、第三章、第四章、第六章，付益强负责第一章、第五章、第七章、第八章。谭祖雪负责全书的统稿工作，付益强负责校对工作，西南石油大学法学院硕士研究生廖伟芳、沈美玲、郑思瑶、胡然、陈杨、赵莉莉参与了资料收集及校稿工作。

  在本教材编写过程中，我们结合了自身从事社会工作实务教学、科研和社会服务实践的经历，参考借鉴了国内一众专家学者对禁毒社会工作的启发性观点和独到见解，在此表示诚挚的谢意！编者虽竭尽全力、反复推敲，但书中难免会存在一些不足之处，恳请广大读者及时指正，以便将来不断修订完善。

  此外，本教材的顺利出版，得到了西南石油大学一流学科建设办公室的支持，以及四川大学出版社、西南石油大学法学院、西南石油大学社会工作硕士教育中心等单位的大力支持，在此表示诚挚的谢意！

编 者

2024年4月于西南石油大学